○小红楼论学文丛

童庆炳　著

童庆炳谈古典诗学

河南大学出版社

图书在版编目(CIP)数据

童庆炳谈古典诗学/童庆炳著. —开封:河南大学出版社,2008.4

(小红楼论学文丛)

ISBN 978-7-81091-788-9

Ⅰ.童… Ⅱ.童… Ⅲ.古典诗歌－文学研究－中国－文集 Ⅳ.I207.2－53

中国版本图书馆 CIP 数据核字(2008)第 035290 号

责任编辑	靳宇峰
责任校对	李红飞
封面设计	凤文传媒

出　版	河南大学出版社		
	地址:河南省开封市明伦街 85 号	邮编:475001	
	电话:0378-2825001(营销部)	网址:www.hupress.com	
排　版	郑州市今日文教印制有限公司		
印　刷	河南省诚和印制有限公司		
版　次	2008 年 4 月第 1 版	印　次	2008 年 4 月第 1 次印刷
开　本	890mm×1240mm　1/32	印　张	5.875
字　数	131 千字	插　页	1
定　价	12.00 元		

(本书如有印装质量问题,请与河南大学出版社营销部联系调换)

2008年作者于小红楼寓所

　　童庆炳,1936年生,福建连城人。北京师范大学教授、博士生导师,中国中外文艺理论学会副会长,中国作协理论批评委员会委员,教育部人文社科重点研究基地北京师范大学文艺学中心主任,长期从事文艺理论和美学的教学与研究。主要著作有《中国古代诗学与美学》(1992)、《文学概论》上下卷(1994)、《文学活动的审美维度》(2001)、《现代诗学十讲》(2005)等。其主编的《文学理论教程》(1992)获国家教学成果奖,多部专著获教育部人文社科著作奖。

目 录

小 引……………………………………………（ 1 ）
寻找艺术情感的快适度
　　——"乐而不淫,哀而不伤"新解 ……………（ 3 ）
出路在于超越语言
　　——如何摆脱"言不尽意"的困境……………（ 11 ）
美的极致与"格式塔质"
　　——浅议"气"、"神"、"韵"、"境"、"味"的超越性…（ 20 ）
从"物理境"转入"心理场"
　　——"随物宛转,与心徘徊"的心理学解 ……（ 29 ）
刹那间的直接把握
　　——"即景会心"与艺术直觉 …………………（ 38 ）
有所"吐"才能有所"纳"
　　——"才、胆、识、力"作为诗人的心理结构 …（ 46 ）

苦心危虑而极于精思
　　——"穷者而后工"说的心理学内涵……………………（54）
诗的潜在次序的发现
　　——释"无意于佳乃佳"………………………………（62）
拔地倚天　句句欲活
　　——"语不惊人死不休"的理论意义…………………（70）
有限向无限的生成
　　——"含蓄"与"简化性"………………………………（78）
情感的二度审美转换
　　——"情景交融"说浅释…………………………………（87）
诗美常在咸酸之外
　　——"味外之旨"臆解……………………………………（96）
简论儒家的文学观念与亚观念………………………………（105）
钟嵘诗论读解…………………………………………………（117）
司空图"韵外之致"说新解……………………………………（132）
严羽诗论诸说…………………………………………………（151）
"意境"说六种及其申说………………………………………（168）

小 引

中国是一个诗歌大国,楚辞、汉赋、唐诗、宋词、元曲等,如万千美景,让人目不暇接。同时在悠久的历史发展过程中,也产生了许多具有中国特色的深微的诗歌理论。这是大家都知道的。但是如何来解读中国古典的诗学呢?这就是学术界面临的一个问题。我在研读中国古典诗学过程中,发现我们古代的诗论家都是心理学家,他们总是自觉不自觉地从审美心理的角度来谈论诗歌,因此古典诗学中就有丰富的审美心理内涵,如果能把古代诗论的一些范畴的审美心理内涵挖掘出来,岂不是一种对古典诗学的新的解读吗?

1990年到1991年间,我正在给《文史知识》写着专栏,于是决定写一组"中国古代心理诗学"的文章,文章写了十二篇,后因有新的教学和研究工作而中断了,没有能继续写下去。文章发表的时候,就有不少读者给我来信,说他们喜欢这组文章。这本小书,就是在这组文章的基础上,另加几篇相关的论文构成的。

非常佩服河南大学出版社有此学术眼光,决定出版这本小书,使读者能够分享中国古典诗学的委曲入微的境界。

童庆炳

2007年11月于北师大小红楼寓所

寻找艺术情感的快适度
——"乐而不淫,哀而不伤"新解

《论语·八佾》中写道:"子曰:'《关雎》乐而不淫,哀而不伤。'"朱熹在《诗集传序》中作了如下解释:"淫者,乐之过而失其正者也;伤者,哀之过而害于和者也。"从表面上看,孔子的评语是说《关雎》作为一首描写男女爱情的诗,写欢乐与哀怨都很有分寸,写欢乐不过是琴瑟钟鼓,不涉于淫荡,写哀怨不过是寤寐反侧,不伤于和正,既把欢乐与哀怨的情绪充分地抒写出来了,又符合礼义道德之规定,防止了过与不及;从实际上看,它反映了孔子的一条重要的诗学原则和审美标准。孔子对此多有论及。如:"温柔敦厚,诗教也。"(《礼记·经解》)"《诗三百》,一言以蔽之,曰思无邪。"(《论语·为政》)所谓"思无邪"是说《诗经》"论功颂德,止僻妨邪,大抵皆归于正"(刘宝楠《论语正义》),即达到了"发乎情,止乎礼义"的适度的标准。再如孔子对他认为淫荡过度的"郑声"加以排斥,《论语·卫灵公》中写道:"颜渊问为邦,子曰:'行夏之时,乘殷之辂,服周之冕,乐则《韶》、《武》,放郑声,远佞人。郑声淫,佞人殆。'"孔子对流行于郑国地区的新音乐不能不加以排斥,因为这种音乐淫荡过度,不符合"礼义"的要求,伤于和正。由此不难看出,无论是他的诗教要求,还是他褒奖《诗经》的"无邪"、贬斥"郑声"的"淫荡",其中都暗含了"乐而不淫,哀而不伤"的旨义。

后人对孔子的"乐而不淫,哀而不伤"作过多种不同的解释和评价,归纳起来有以下三种:第一,政治角度的褒与贬。褒之者认为,孔子提倡"乐而不淫,哀而不伤"是教导人们要"发乎情,止乎礼义","要求人正常的合理的健康的发展,反对沉溺于享乐,反对过度的哀伤"。贬之者则认为,孔子提倡"乐而不淫,哀而不伤"是要人们遵循"中庸之道",维护封建统治阶级的礼教,即或偶有牢骚,也必须遵守"温柔敦厚"和"怨而不怒"的规定,不可过分。第二,从伦理学的角度加以肯定。即认为孔子在"乐而不淫,哀而不伤"的原则里,主张艺术要以理节情,达到情和理的和谐统一。孔子意识到,艺术表现的情感应该是一种有节制的、社会性的情感,而不应该是无节制的、动物性的情感。第三,从美学的角度加以分析。强调"乐不至淫,哀不至伤,言其和也"(孔安国《论语集解》),表达了孔子的以"中和"为美的观念。《左传》襄公二十九年,记载了"季札观乐",其中对音乐有"勤而不怨"、"忧而不困"、"乐而不淫"、"怨而不言"、"哀而不愁"、"乐而不荒"等评语。这些评语反映了季札以"和"为美的看法。孔子的"乐而不淫,哀而不伤"是对季札审美观念的继承和发挥,同时也是他自己的"礼之用,和为贵"(《论语·学而》)思想在美学观念上的反映。以上三种解释,尽管观点不同,但都是从孔子的思想实际出发,都有一定的道理。特别是从美学角度的解释,总结了美和艺术的一般规律,尤其值得重视。但是,除政治、道德的考虑外,孔子为什么要以"中和"为美呢?他的"乐而不淫,哀而不伤"的诗学原则和审美标准是否有更深层的根据呢?我认为,不论孔子本人是否意识到,他的"乐而不淫,哀而不伤"的理论都是有心理学的根据的。

从现代心理学的角度看,"乐而不淫,哀而不伤"实际上提出了一个艺术情感的快适度的命题。

情感经验有积极和消极之分。一般地说,积极的情感是令人愉快的,消极的情感是令人不愉快的。例如,悲伤、羞耻、恐惧和悔恨属于消极之列,是明显的不愉快的情感,而欢喜、骄傲、满意和尊敬属于积极之列,是明显的愉快情感。同样一种情感经验则又有强度的区别。例如,快乐可以从适意到狂喜,愤怒可以从微愠到暴怒,哀伤可以从惋惜到悲怆。孔子的"乐而不淫,哀而不伤",实际上已意识到情感强度的区别。在他看来,"乐"和"哀"都可以分成许多级别,而"淫"是"乐"的极度,"伤"是"哀"的极度。情感经验从弱到强的许多级别差异中,就存在一个"快适度"的问题。那么情感究竟达到什么强度就是快适度呢?在这里,我们必须明白,积极的情感并非永远和愉快相联,消极的情感也并非永远和不愉快相联。积极的情感如果过分强烈,超过一定的"度",也可转化为不愉快的情感;反之,消极的情感如果能保持一定的"度",也可以是愉快的情感。这里所说的"度"就是快适度。这也就是说,情感的强度可以在很大程度上影响到情感的"快适度"。我们每个人都有这样的体会,凉快使我们感到愉快,但凉快过分以至于冰冷则使我们感到不愉快。暖和使我们感到愉快,但暖和过度以至于炎热对我们就是一种痛苦。以上是说感觉,其实情感变化的规律也大致是如此。例如,微小的愤怒不一定特别不愉快,而强烈的愤怒则肯定是不愉快的。又如在平静中回忆的悲伤,可能是富于韵味的,而在现实中遇到灾祸所产生的悲伤经验则使人受不了。浅浅的惆怅、淡淡的忧伤,可能是诗意盎然的,而沉重的哀愁则可能把人压垮。由此不难看出,情感过分强烈,快感可转化为不快感;情感适中,不快感可转化为快感。情感的强度在一定意义上制约着情感的性质,影响着情感的快适度。

那么情感的强度为什么会影响情感的性质和快适度呢?这是由于情感的强度愈大,整个自我卷入的程度也就愈大,即整个自我为情绪所支配的倾向也就愈大。这就不难想象,当人们只是处于浅浅的惆怅、淡淡的忧伤中时,情感未达到高度紧张水平,对于实际功利还可以保持一定的心理距离,以单纯的鉴赏态度去体味自己的情感。而体味情感或多或少总能给人带来愉快。相反,当人们陷入极度哀愁之际,感到痛不欲生,整个自我完全被卷入,关心的只是自己的损失,审美心境完全丧失,当然也就不会产生快感和美感。尽管孔子对情感的强度影响快适度的道理毫无所知,但他的"乐而不淫,哀而不伤"的观点,实际上对艺术情感的最佳快适度作了规定。这就是说,对艺术情感来说,"过"与"不及"都不符合快适度。"不及",达不到激活水平,不能使人进入艺术世界。"过",即过分强烈,则又使人处于高度紧张状态,不得不转而直面普通生活的场景。孔子试图在"过"与"不及"之间,找到一个合适的"度"。这就是他提出的"乐而不淫,哀而不伤"这样一种境界。对情感而言,这是一个自由的状态。一方面它使人的情感超过激活的水平，可以自由地进入艺术世界，另一方面又不会因情感过分强烈，而被迫走出艺术世界。这样，情感就可驻留在令人陶醉的艺术世界里。

对于孔子的"乐而不淫，哀而不伤"的心理学意义，后人已意识到了。刘勰主张"酌奇而不失其真，玩华而不坠其实"（《文心雕龙·辨骚》）。皎然论诗，也特别重视"过犹不及"，他提出"至险而不僻，至奇而不差，至丽而自然，至苦而无迹，至近而意远，至放而不迂，至难而状易"（《诗式》）。这显然是受到了孔子诗学思想的某些影响。但他似乎更自觉地在寻找艺术及其情感的最佳快适度。宋人魏泰说："诗者述事以寄情，事贵详，情贵隐，及乎感会于心，则情见于词，此所以入人深也。如将盛气直述，更无余味，则感人也浅，乌能使其不知手舞足蹈。"（《临汉隐居诗话》）清人沈德潜也有相似的说法："写离情不可过于凄婉。含蓄不尽，愈见情深。此种可以为法。"（《唐诗别裁集》）含蓄、情隐反而"入人深"，盛气直述反而"感人也浅"，揭示了情感强度影响快适度的规律，这是深得孔子"乐而不淫，哀而不伤"旨义的精辟之论。实际上，中国古代诗学中关于含蓄的大量论述，中国古诗中产生了那么多含蓄蕴藉的诗，无不与孔子的"乐而不淫，哀而不伤"的诗学思想有密切的关系。

然而，诗人如何去获得艺术情感的快适度呢？我以为"乐而不淫，哀而不伤"的说法，似乎也提供了一个大体的答案。那就是要想办法，把艺术世界（"乐"、"哀"）与生活世界（"淫"、"伤"）分隔开来，不使两者混淆。中国历代诗人的创作实践证明，通过回忆这一心理过程，使情感经过时间的过滤，就有可能把艺术世界和生活世界分隔开

来,并进而寻找到诗的情感的快适度。让我们来读一读苏轼追悼亡妻的词《江城子·乙卯正月三十日夜记梦》:

十年生死两茫茫。不思量,自难忘。千里孤坟,无处话凄凉。纵使相逢应不识,尘满面,鬓如霜。

夜来幽梦忽还乡。小轩窗,正梳妆。相顾无言,唯有泪千行。料得年年肠断处,明月夜,短松冈。

这是苏轼在其妻子亡故十年后写的一首词,抒发了词人对亡妻的绵邈深情。词中的哀伤之情通过现实相逢的不可能和无益,和梦中相逢的悲戚痛苦的抒写,已表现得十分充分。但词人却又能通过那如泣如诉的语调和铿锵悦耳的音调的运用,以及从"小轩窗,正梳妆"到"明月夜,短松冈"的想象的飞驰,使自己的悲悼之情至哀而不伤,至痛而不惊,合乎诗的情感所要求的快适度。苏轼的情感之所以能控制得这样好,其原因之一就是他在回忆,而不是在单纯的痛哭。试想,当爱妻刚逝之际,哀伤之情如烈火一般在他心中燃烧,此时他心中流淌着的完全是一种作为丈夫的自然感情,无论如何,他只能滞留在真实的生活场景里,无法转入梦幻般的艺术世界。在这种情况下,他很难寻找到"哀而不伤"这种情感的快适度。法国启蒙时代的思想家、作家狄德罗说:"你是否在你的朋友或情人刚死的时候就作诗哀悼呢?不会的。谁在这当儿去发挥诗才,谁就会倒霉!只有当剧烈的痛苦已经过去,感受的极端灵敏程度有所下降,灾祸已经远离,只有到这个时候当事人才能回想他失去的幸福,才能够估量他蒙受的损失,记忆才和想象结合起来,去回味和放大过去的甜蜜的时光。也只有到这个时候他才能控制自己,才能做出好文章。"① 鲁迅也认为"感情正烈的时候,不宜作诗,否则锋芒太露,能将'诗美'杀掉"。② 看来,苏轼深谙这一审美心理规律,在妻子亡故十年之后,在自己的情感已经过时间的"冷处理"之后,他才告别现实世界,转入艺术世界,才能在一唱三叹中从容不迫地写他的充满柔情的梦和令人肠断的"千里孤坟",并使这两者协调起来。由此可见,自然形态的情感,要经过回忆、沉思、再度体验的中介,才能转换为可供心灵享受的艺术情感,才能追寻到"乐而不淫,哀而不伤"这种艺术境界。

"乐而不淫,哀而不伤"作为艺术情感的快适度,其更深层的心理学意义还在于揭示了情绪缓解与舒泄的规律。这就是说,乐而至淫、哀而至伤的强烈情感,只能使人处于一种无法抑制的兴奋状态,并进而诉诸外部行动,成为自然情感的单纯的动物性的发泄。而"乐而不淫,哀而不伤"作为情感,是一种经过回忆、沉思、再度体验的情感,它在大脑皮层中得到了缓解,已转换为一种有节制的、智慧的情感。它不会诉诸外部动作(如涕泪交流或紧握拳头等)。当它通过诗句所构成的意象表现出来时,它不再是单纯的动物性的发泄,而是一种不迫不露的、委曲备至的、令人荡气回肠的舒泄。情感的舒泄,对于诗人来说,往往是一种黯然销魂的心灵享受。由此不难看出,"乐而不淫,哀而不伤"作为儒家的诗学思想,在政治上可能是保守的;但从审美

---

① 《狄德罗美学论文选》,人民文学出版社,1984年版,第305页。
② 鲁迅:《两地书》,《鲁迅全集》第9卷,人民文学出版社,1959年版,第79页。

心理规律上看,它规定了艺术情感的快适度,却是符合艺术实际的,是精辟而独到的。

(原载《文史知识》1990年第6期)

出路在于超越语言
——如何摆脱"言不尽意"的困境

诗人常常感到,自己想说的很多很多,可实际说出的却很少很少。语言对于诗人并非生疏的东西,可要运用得妙却又无比困难。由于这个缘故,作家、理论家常常说一些泄气话,如英国哲学家斯宾诺莎说:"文学是众多而巨大的迷误之源。"德国作家歌德则说:"那试图用文字表达艺术经验的作法,看来好像是件蠢事。"高尔基更是大声喊叫:"世界上没有比语言的痛苦更强烈的痛苦了。"这些作家、理论家所说的"语言的痛苦",就是指言语常常不能完满地表达自己的思想感情,即"言不尽意"的意思。而"言不尽意"的命题在中国早在先秦时代就明确地提出来了。

从先秦到魏晋,"言不尽意"的命题经历了从哲学到美学的转换。最早提出"言不尽意"的是庄子。他在《天道》中说:"世所贵道者,书也。书不过语,语有贵也。语之所贵者,意也。意有所随;意之所随者,不可以言传也,而世固贵言传书。世虽贵之,我犹不足贵也,为其贵非其贵也。"庄子理论世界的核心是"道",而"道"是一种"莫见其形"、"莫见其功"、"莫知乎其所穷"的无所不在的神秘的存在,这是庄子"所贵"的东西,也是"意之所随者"。"道"的这种特征决定了它是语言无法把握的,所以庄子才说"意之所随"的"道",是"不可以言传"的。对此,《易经·系辞上》说:"子曰:'书不尽言,言不尽意。'然则圣人之意,其不可见乎? 子曰:'圣人立象以尽意,设卦以尽情伪,系辞焉以尽其言。'"在魏晋之际,玄学家们对庄子的"言不尽意"说也极为重视,并在当时引起了一场"言尽意"和"言不尽意"的争论。以欧阳建为代表的持"言尽意"说,以荀粲、王弼为代表的持"言不尽意"说。在庄子以后的这些讨论中,虽然也提出了诸如"立象以尽意"(《易传》)、"得意忘言"(王弼)等新观点,但他们的讨论同庄子的命题一样,都还局限在哲学的范畴里,一般地追问语言与思维、语言与世界本体的关系。

到了陆机和刘勰那里,"言不尽意"的命题才开始被提到美学领域来讨论。由于陆机、刘勰关心的是在文学创作中如何通过语言来传达审美体验和艺术构思,这样,在他们那里,"言不尽意"中的"言"与"意"就有了特殊的含义。"意"不再指"道"一类的世界本体,而是指作家面对客体所产生的冲动、体验和构思中饱含感情的五彩缤纷的艺术世界,以及充满于艺术世界中的情趣气韵等;"言"则不再指那种推论性的语言,而是指力图把审美体验、艺术构思、情趣气韵表现出来的媒介。陆机、刘勰认为,在这种"言"与"意"中,"言"常常不能匹配"意"、表现"意",于是陷入了"言不尽意"的困境。陆机在《文赋》

中一开篇就说:"恒患意不称物,文不逮意。盖非知之难,能之难也。"所谓"文不逮意",也就是"言不尽意"。为什么会有此"难"呢?这是因为准备传达的审美体验和艺术构思,不同于一般的认识,"其始也,皆收视反听,耽思傍讯,精骛八极,心游万仞。其致也,情曈昽而弥鲜,物昭晰而互进……浮天渊以安流,濯下泉而潜浸……观古今于须臾,抚四海于一瞬"(陆机《文赋》)。这种瞬间发生的微妙而复杂的心理过程的确是语言难以描述的。刘勰把这种心理过程称为"神思",他说:"文之思也,其神远矣!故寂然凝虑,思接千载;悄焉动容,视通万里;吟咏之间,吐纳珠玉之声;眉睫之前,卷舒风云之色,其思理之致乎!故思理为妙,神与物游。"(《文心雕龙·神思》)同样,刘勰认为这样丰富的心理过程,作家的笔是难以把握的,所以他说:"方其搦翰,气倍辞前;暨乎篇成,半折心始。何则?意翻空而易奇,言征实而难巧也。"(同上)意思是说,在刚刚开始下笔之时,真是力气倍增;但成篇之后,发现写下来的不过是心里所想的一半。这是为什么?这是因为构思中的思想感情凌空翻飞、奇想变幻,而语言文字则是着迹之物,难于生巧。由此可见,在陆机、刘勰那里,已深深感到正是语言的"征实"性与审美体验的丰富性之间的距离,造成了文学创作中"言不尽意"的困境。

从现代哲学观点看,诚如黑格尔在《哲学史讲演录》一书中所说的:"语言实质上只表达普遍的东西;但人们所想的却是特殊的东西、个别的东西。因此,不能用语言来表达人们所想的东西。"[①]由此看

---

① 黑格尔:《哲学史讲演录》第二卷,商务印书馆,1997年版,第128页。

来,语言作为一种符号,给人们以很大的助益,但它的局限性也是明显的,它不能表达人们所想的一切。至于人们的审美体验,就更难以为巧了。因为从现代心理学的观点看,人的审美体验是高峰体验的一种,"这种体验可能是瞬间产生的、压倒一切的敬畏情绪,也可能是转眼即逝的极度强烈的幸福感,或甚至是欣喜若狂、如醉如痴、欢乐至极的感觉"①。在我看来。审美体验起码有如下特征:第一是具象性。美感总是伴随着历历如绘、栩栩如生的形象。所谓"期穷形而尽相"(陆机),所谓"诗中有画"、"随物赋形"(苏轼),就是强调诗性体验的具象性的特点。第二是情感性。情感饱满才能动人心魄。所谓"登山则情满于山,观海则意溢于海"(刘勰),所谓"神与万物交"(苏轼),就是强调情感性这一特点。第三是模糊性或朦胧性。模糊或朦胧才能意味无穷。所谓"羚羊挂角,无迹可求"(严羽),所谓"其寄托在可言不可言之间,其指归在可解不可解之会"(叶燮),所谓"梅止于酸,盐止于咸,而美在酸咸之外"(刘熙载),都是强调模糊性、朦胧性这一特点。第四是整体性或组织性。即审美体验中主体自身具有完形和投射功能,可将不完整的组织完整,可将空白填补为充实。所谓"笔虽不周而意周"(吴道玄),所谓"不着一字,尽得风流"(司空图),所谓"不似之似似之"(石涛),都强调整体性和组织性的特征。第五是微妙性。即审美体验的思想感情委曲入微,难以捕捉。所谓"思表纤者,文外曲致"(刘勰),就是强调这种微妙性特征。第六是创造性。

---

① 马斯洛:《谈谈高峰体验》,《人的潜能和价值》,华夏出版社,1987年版,第366页。

即审美体验达到极致之时心灵的自由创造。所谓"观古今于须臾,抚四海于一瞬",就是强调这种创造性特征。

总的看,审美体验不同于一般的认识。从心理发生角度看,一般的认识发生于人的意识、理解、思维等心理层面,具有抽象、单一、明晰等特征,这样就与语言的一般性的性格相匹配,语言就易于驾驭它;而审美体验是主体与客体、感性与理性、直觉与思维、本能与理智、无意识与意识的统一,它的发生深入到了人的本能、直觉、无意识这些幽深的心理领域,它与个体的、本原的生命相联,这样具有一般性的性格的语言就往往不能与它相匹配,"言不尽意"的困境就在这种语言与审美体验的疏离与矛盾中产生了。拿美国著名的美学家鲁道夫·阿恩海姆的话来说就是:"现代语言与事物的知觉外观之间存在的与日俱增的疏离给诗人设置了难题。"(《抽象语言与隐喻》)

但是,"难题"的化解可以变为杰出的创造。"言不尽意"的困境给作家带来了大显神通的机会。我们的古人苦于"言不尽意",提出了超越语言的理想,而其思路和实践则与现代心理学息息相通。

古人所提出的超越语言的理想,就是寄意于言外。刘勰在《文心雕龙·隐秀》中说:"隐者也,文外之重旨者也;秀也者,篇中之独拔者也。隐以复意为工,秀以卓绝为巧,斯乃旧章之懿绩,才情之嘉会。"又说:"夫隐之为体,义主文外,秘响傍通,伏采潜发,譬爻象之变互体,川渎之韫珠玉也。"这里所说的"文外"即"言外","重旨"、"复意",都是指语言文字没有直接明确说出的意旨。这一思想可以说是刘勰的一大发现和创造。他苦于"言不尽意",苦于"言征实而难巧",于是就想到是否可以在提炼语言文字的基础上,使意义产生于语言文字之外,就好像秘密的音响从旁边传来,潜伏的文采在暗中闪烁。这样一来,不但"言不尽意"的缺憾消失了,而且还可收到以少总多、余意无穷的效果。所以,从"言不尽意"到"文外之重旨"、"义主文外"、"言外意",在思想上是一种飞跃。语言有局限,不能尽一切之意,但人们可以避开这种局限,寄意于言外,并使人在这言外获得无限丰富、无限悠远的内涵。

在刘勰开辟的这一超越语言的思路上,后人多有发挥与补充。如唐代刘知几提出"省字约文,事溢于句外"的"用晦"主张。他举例说:"夫经以数字包义,而传以一句成言,虽繁约有殊,而隐晦无异。故其纲纪而言邦俗也,则有士会为政,'晋国之盗奔秦';'刑迁如归,卫国忘亡'。其款曲而言人事也,则有'使妇人饮之酒,以犀草裹之,比及宋,手足皆见';'三军之士,皆如挟纩'。斯皆言近而旨远,辞浅而义深,虽发语已殚,而含意未尽。使夫读者,望表而知里,扪手而辨骨,睹一事于句中,反三隅于字外。"(《史通》)刘知几虽然是在讲史书中叙事成功之例,但同样也道出了文学创作中言与意之间关系的奥秘。

唐代司空图强调诗要有"味外之旨",提出"不着一字,尽得风流。语不涉己,若不堪忧"(《二十四诗品》)。怎么"不着一字"就可"尽得风流"呢?孙联奎《诗品臆说》中作了解释:"纯用烘托,无一字道着正事,即'不着一字,非无字也'。""己,本题也。语不涉己,即不着一字。"可见司空图并非说不用语言文字,而是要寄"风流"、忧思于言外,使诗达到"近而不浮,远而不尽"的境界。

这里特别要提到的是宋代著名诗人梅尧臣的见解。他曾对欧阳修说:"诗家虽率意而造语亦难。若意新语工,得前人所未道者,斯为善也。必能状难写之景,如在目前;含不尽之意,见于言外,然后为至矣。"(欧阳修《六一诗话》)值得指出的是,梅尧臣的见解,不但包含了"言外之意"的思想,而且承继了《易传》的"立象以尽意"、刘勰的"窥意象而运斤"的传统,总结了创作实践,明确提出了通过"状难写之景"的途径,以达到"含不尽之意"的目的。宋元以后极为丰富的情、景关系论,如说"诗乃模写情景之具,情融乎内而深且长,景耀乎外而远且大"(谢榛),"不能作景语,又何能作情语耶?古今绝唱句多景语,如'高台多悲风'、'胡蝶飞南园'、'池塘生春草'、'亭皋木叶下'、'芙蓉露下落',皆是也,而情寓其中矣。以写景之心理言情,则身心中独喻之征,轻安拈出"(王夫之)等等,与梅尧臣的见解一脉相承,从一定意义上说,都是围绕着"言不尽意"问题生发出来的超越语言的诗学理想。

尤其值得注意的是,对于通过景物描写以寄意于言外这一论点,古代诗论家还从读者接受这一新角度作了论证,如唐代皎然提出"但见情性,不睹文字,盖诗道之极也"(《诗式》),清代刘熙载又重申"杜诗只有二字足以评之。有者,但见性情气骨也;无者,不见语言文字",这是因为诗人以语言文字写景,景中含丰厚之情和无限之意,读者在阅读、朗诵的瞬间,完全被情、意所吸引,于是仿佛看不见语言文字了。此种"有血痕无墨痕"的境界,正是诗的"言外之意"的一种极致。

从现代心理学的角度看,中国古代的"言外之意"论,实际上是将语言感觉化、想象化。语言本来是一般的、概念化的、抽象的。照理说,它无法表达具体的、特殊的、个别的东西,对于那种幽深微妙之意义,更缺少把握的能力。但我们又必须认识到,语言作为一种心理实体,具有指称和表现两种功能。瑞士著名语言学家索绪尔说:"语言符号连接的不是事物的名称,而是概念和音响形象。后者不是物质的声音,纯粹物理的东西,而是这声音的心理印迹,我们的感觉给我们证明的声音表象。它是属于感觉的"。① 例如,"山"这个词,一方面它是一个概念,即它是对各种各样的山的一种抽象,无法直接作用于人的感觉,任何人也无法感觉到作为概念的山;另一方面,"山"这个词又有"音响形象",人们听到"shān"这个词的声音,就会立刻在头脑中唤起那高低起伏的苍翠碧绿的峰峦的形象。它已属于我们的感觉与想象。这就是"山"这个词的表现功能。一般地说,语言的指称和表现这两种功能是重合在一起的。但在文学创作中,语言的表现功能被提到了主要的地位,因此诗人就可以用它真切地、生动地去写景状物,这样,语言就感觉化、心理化了,语言就可突破自己的一般化的缺陷,借助景物去表现那只可意会不可言传之情意,收到"含不尽之意见于言外"的效果。美国著名美学家苏珊·朗格说:"那些只能粗略标示出某种情感的字眼,如'欢乐'、'悲哀'、'恐惧'等等,很少能够把人们亲身感受到的生动经验传达出来"②,因为在这种情况下,只是运用了语言的指称功能,无法唤起人的感知和想象。然而,"当人们打算较为准确地把情感表现出来时,往往是通过对那些可以把某种感情暗示出来的情景描写出来,如秋夜的景象,节日的气氛,等

---

① 索绪尔:《普通语言学教程》,商务印书馆,1985年版,第101页。
② 苏珊·朗格:《艺术问题》,中国社会科学出版社,1983年版,第87页。

等"①,因为在这种情况下,语言的音响形象和表现功能这一面被突出地强调了,语言已经能够间接地却是强烈地唤起我们的感觉、想象以及其他心理机制。"问君能有几多愁,恰似一江春水向东流"。头一句中的"愁",是概念,是指称,并不能作用于我们的感官,可第二句中的"一江春水向东流",已是形象,是表现,它强烈地作用于我们的感知、想象和理解。我们已从这超越语言的画面中领悟到了无法言说的"言外之意"了。

(原载《文史知识》1990 年第 7 期)

---

① 苏珊·朗格:《艺术问题》,中国社会科学出版社,1983 年版,第 87 页。

美的极致与"格式塔质"
——浅议"气"、"神"、"韵"、"境"、"味"的超越性

中国传统的美意识,从其发端就可以分为形而下和形而上两种。当孟子说"目之于色也,有同美焉"的时候,其美意识是形而下的,即以人的感觉器官可以感觉到的、具体感性的、有限的事物为美。当庄子说"天地有大美而不言",或者说"游心于物之初",才能得到那种"莫见其形"、"莫见其功"、"莫知乎其所穷"的"至乐至美"的时候,其美意识是形而上的,即不以感觉器官可以感觉到的、具体感性的、有限的事物为美,而是以人的灵性所体验到的那种终极的、本原的、悠远无限的生命感、宇宙感为美。尽管形而下的美意识始终存在着、发展着,但形而上的美意识却被历代的诗文艺术作为最高境界的美所追寻,并被许多理论家规定为区别艺术的高下、优劣的标准。

可能就是由于我们的古人强调那种形而上的美,他们在确立美学范畴时,就不像西方人那样着重确立美、丑、悲、喜、崇高、卑下等这

些范畴,而是从汉语的丰富的词汇中,拈出"气"、"神"、"韵"、"境"、"味"等这些词作为美学范畴,展示了中国人独特的审美情趣和艺术追求。

除了"气"、"神"、"韵"、"境"、"味",此外还有"真"(本真、天真、真宰)、"灵"(灵性、灵气、精灵、神灵)、"逸"(清逸、超逸、高逸、飘逸、逸格)、"兴"、"趣"等概念,其命题不同,范畴各异,将它们随意混淆是不妥的。但它们又具有同一性,表达了中国人追求的同一种美的理念。它们的同一性突出表现在以下三点:第一,它们都标示美的极致,反映了中国传统的最高境界的美;第二,它们都说明这种美不在实体之内,而在实体之外,即美在象外、意外、言外;第三,它们的形成都可溯源到老庄的"道",其内涵所指,全是一种终极的、本原的生命体验。下面就此作些具体说明。

关于"气",自曹丕在《典论·论文》中提出"文以气为主"和南朝画家谢赫提出"气韵生动"作为绘画六法之首以后,"气"成为诗文与艺术普遍追求的高境界之美。用"气脉"、"气韵"、"气象"、"生气"、"气势"、"气息"、"才气"等词语论述和评品诗文艺术者屡见不鲜。"气"的地位被抬得很高。但对"气"的理解却不完全一样,有人认为"气"是指作家的个性、气质,如曹植;有人则把"气"看成是宇宙之元气和艺术的本源,如钟嵘在《诗品序》中说:"气之动物,物之感人,故摇荡性情,形诸舞咏。"还有人则认为"气"是指"气势",如韩愈说:"气,水也;言,浮物也;水大而物之浮者大小毕浮。气之与言犹是也,气盛则言之短长与声之高下者皆宜。"(《答李翊书》)然而不论哪种理解,都把"气"看得很重要,缺少"气",文不成文,诗不成诗,画不成画。

如说"独得雄直气,发为古文章"(张籍《祭退之》),"气为干,文为支,跨跞古今,鼓行乘空"(刘禹锡《答柳子厚书》),"气者,文之帅也。道明则气昌,气昌则辞达"(方孝孺《与舒君》)。还有的说"诗者纯乎气息"(黄子云),"诗文者,生气也"(方东树)。尤其值得注意的是,人们认为"气"并不是诗文艺术中的一个元素,而是笼盖整体的东西。它既在象中、意中、言中,又在象外、意外、言外。关于此点,叶燮的《原诗》说得特别清楚。他认为诗文是由"理"、"事"、"情"三者构成的,但"总而持之,条而贯之"者是"气"。所以"事、理、情之为用,气为之用也","三者藉气而行者也,得是三者,而气鼓行于其间,氤氲磅礴,随其自然所至即为法,此天地万象之至文也"。这就是说"气"在诗文中不是那些具体感性的"事"与"情",也不是有着逻辑结构的"理",而是形而上的、却又浩瀚蓬勃、出而不穷的精灵,它根植于宇宙的元气和作家的生命本体。

关于"神",具体的说法很多,如"神韵"、"神采"、"神情"、"神灵"、"精神"、"神髓"、"风神"、"神隽"、"神怀"、"神骏"、"神理"、"入神"、"传神"、"神似"、"神遇"等等。"神"最早可能是指人的"风姿神貌",它离不开人的形相,但又超越了人的形相。此后"神"这一概念被广泛地运用于一切诗文艺术中,专指艺术作品中那种超越表面描写的"传神"力量。西方的模仿说决定了他们比较看重真实地再现事物的外在状貌,而中国古人虽然也讲"以形写神",但更加看重"神"。关于形、神的关系早在庄子、荀子那里就有论述。《淮南子》则提出了"神贵于形"、"以神制形"的思想。东晋大画家顾恺之提出的"传神写照"的命题影响更大。自此以后,"传神"、"入神"被视为艺术创作中美的极致,被提到了至高的地位。如严羽说:"诗之极致有一,曰入神。诗而入神,至矣,尽矣,蔑以加矣!"(《沧浪诗话》)又如谢榛说:"诗无神气,犹绘日月而无光彩。"(《四溟诗话》)严羽与谢榛分别从正面与反面说明诗之美在于"传神"、"入神"。同样值得注意的是,人们也认为"神"并非艺术品的一个元素,而是流灌于整体并从象外、意外、言外显露出来的超越性的"新质"。如明人彭辂说:"盖诗之所以为诗者,其神在象外,其象在言外,其言在意外。"(《诗集自序》)袁中道也说:"传神之道,在于阿堵。所云叔则颊上三毛,皆形似之外得之。"(《传神说》)金圣叹把"传神"、"写照"看成是"二事",认为"传神要在远望中出,写照要在细看中出"(《杜诗解》)。所谓"在远望中出",就如同我们去看一幅油画,要后退数步,从远处望去,才能通过把握画面整体,见出画的"精神"。"神"与"气"密切相关,所以又有"神气"二字相连的说法。

关于"韵",刘勰在《文心雕龙》中曾说过:"同声相应谓之韵。"但作为中国传统的美意识的"韵",已不是音韵、声韵的韵,而是指艺术品的"风气韵度"、"情调神姿"。由于这个缘故,对"韵"也有"风韵"、"气韵"、"神韵"、"高韵"、"天韵"、"性韵"等说法。"韵"作为一种美,同样被人们提到极高的境地。绘画要讲究"气韵生动"自不必说,论诗也讲究"韵",明人陆时雍说:"有韵则生,无韵则死。有韵则雅,无韵则俗。有韵则响,无韵则沉。有韵则远,无韵则局。"(《诗镜总论》)清诗人王士祯论诗也标举"神韵",影响所及,似乎不谈"神韵"就不懂诗,就不应该论诗。如袁枚在《再答李少鹤》中说:"足下论诗,讲体格二字,固佳。仆意神韵二字,尤为紧要。体格是后天空架子,可仿而能；神韵是先天真性情，不可强而至。"如同"气"、"神"一样，"韵"也是一种形而上的超玄的东西，它不能落实到某个具体的有限的情景上，而是超越具体情景的无限悠远的"整体质"。关于此点，司空图说："近而不浮，远而不尽，然后可以言韵外之致耳。"（《与李生论诗书》）苏轼在《书黄子思诗集后》也说："子尝论书，以为钟、王之迹，萧散简远，妙在笔墨之外。"又宋人范温在肯定"韵者，美之极"后，对"韵"作了这样的规定："有余意之谓韵"，"盖尝闻之撞钟，大声已去，余音复来，悠扬宛转，声外之音"（《潜溪诗眼》）。这就是说，韵不是一个元素，而是一种余蕴。它的生成也在象外、意外、言外。由于韵与前述气、神也有密切联系，所以，"气"与"韵"、"神"与"韵"连用，"气韵"、"神韵"也就成为最流行的用语了。

关于"境"，大家最熟悉的是王国维的"境界"说。"词以境界为最上。有境界则自成高格，自有名句。"（《人间词话》）王国维对境界的规定，主要是情与景、物与我的交融统一所产生的艺术世界。其实"境"这个范畴也是古已有之。到了唐代的王昌龄、皎然、司空图时，这个范畴已基本确立。相传是王昌龄所作的《诗格》把"境"分为三类："物境"、"情境"、"意境"。这"三境"分别把境与景、情、意相连，既在景、情、意之中，又在景、情、意之外。皎然在《诗式》中有"取境"一节，大体上谈到了"境"的特点。古人心目中的"境"，也不是诗中情、景、意这些个别的元素，其内涵所指是一种空间、一种氛围、一种情调。所以刘禹锡在《董氏武陵集纪》中说："境生于象外"。司空图在《与极浦书》中对此作了更详细的描述，他说："戴容州云：'诗家之景，如蓝田日暖，良玉生烟，可望而不可置于眉睫之前也。'象外之象，景外之景,岂容易可谈哉。"所谓"象外"、"景外",是指超越实境进入一种可以意会却不可言传的虚境,它所展示的是诗人对宇宙、人生的某种形而上的生命体验。

关于"味",它是从艺术接受角度提出的一个美学范畴。早在老子那里,"味"的命题就提出来了。他说:"道之出口,淡乎其无味。"较早以"滋味"论文、论诗的可能是刘勰、钟嵘。刘勰《文心雕龙·情采》说:"繁采寡情,味之必厌。"钟嵘在《诗品序》中则说:"五言居文词之要,是众作之有滋味者也。"但钟嵘强调的是"味内味",而不是"味外味"。到了司空图,他的标准提高了,不但提出"辨于味而后可以言诗",把"味"提到衡量诗的最高标准,而且提出诗应有"味外之旨"(即"味外味")。诗之"味在酸咸之外"。这种"味外味"的境界几乎成为高不可攀的诗阶。袁枚就讥笑跟他同时代的诗人说:"司空表圣论诗贵得味外味。余谓今之作诗者,味内味尚不能得,况味外味乎?"(《随园诗话》)所谓"味外味"实际上同"气"、"神"、"韵"、"境"一样,不是诗中可见的一个元素,而是超越具体物象的形而上的难于言说的美。在"真味"、"至味"、"余味"、"韵味"、"风味"中,有一种无限感、悠远感,蕴含了本原生命体验的极致。

不难看出,"气"、"神"、"韵"、"境"、"味"作为中国传统美意识的不同概括,可说是异中之同,最大的共同点是它们的超越性,即对诗和艺术中具体物象、景象、情象等实境的超越。它们看似在象中、意中、言中,实则在象外、意外、言外。它们在艺术中都不是作为一个元素而存在,而是作为整体质而存在。所谓整体质,就是"格式塔质"(德文 gestaltqualität)。在此我们把"气"、"神"、"韵"、"境"、"味"的超越与现代格式塔心理学的基本观念加以参证,就可见出我们古人的美意识与现代心理学原理是息息相通的。

现代格式塔心理学的基本精神是反对元素主义分析而强调整体组织,其理论基础是整体大于部分之和。这一学派的创始人韦特墨在《格式塔理论》一文中说:"格式塔理论的基本'公式'可以这样表达:有些整体的行为不是由个别元素行为决定的,但是部分过程本身则是整体的内在性质决定的。确定这种整体的性质就是格式塔理论所期望的。"①那么如何去确定这种"整体的性质"(即"格式塔质")呢?"格式塔质"不决定于个别的元素及其相加,而决定于整体的组织结构。或者说,我们的知觉经验总是在事物的整体组织结构中发现一种新质、整体质、"格式塔质"。韦特墨最常举的就是奥地利心理学家艾伦费斯发现的关于音乐的例子。艾伦费斯的例子是这样的:我演奏一支由六个乐音组成的熟悉曲子,尽管作了一些改变,譬如在音色、音质、音高、音程上都有了变化,而且不管是用钢琴弹奏,还是用中国的竹笛吹奏,你还是认识这支曲子。艾伦费斯说:这里一定有比六个乐音的总和更多的东西,即第七种东西,也就是形—质,原来六个音的"格式塔质"②。正是这第七个因素或元素能使人们认识已经变了调的曲子。当然,韦特墨等格式塔心理学家都不同意"第七个因素或元素"的说法,因为这种说法仍然没有从元素主义的理论泥淖里抽拔出来。但他们都认为这个例子极好,并同意六个乐音作为整

---

① 见杜·舒尔茨:《现代心理学史》,人民教育出版社,1981年版,第296页。
② 同上书,第297页。

体组织所显示出的新的性质就是"格式塔质"。

我们所说的"气"、"神"、"韵"、"境"、"味"的超越性，实际上就是格式塔心理学所指的"格式塔质"，两者的内涵是基本一致的。举例来说，温庭筠的《商山早行》中"鸡声茅店月，人迹板桥霜"这两个诗句，历来脍炙人口，被认为是意味浓、境界妙、神韵足的佳句。两个句子共写了"鸡声"、"茅店"、"月"、"人迹"、"板桥"、"霜"等六个景物，若把此六景分开孤立起来看，虽说也有象、有意、有言，但却毫无意味，更谈不到神韵、境界了。但当这六个景物被纳入这两句诗的充满诗意情境的整体组织结构时，在我们的感受中，就会有一种不属于这些个别景物而决定于整体组织的气韵、神采、境界和真味，从象外、意外、言外流露出来，这就是溢于言意之表的那种"羁愁野况"的"新质"、"格式塔质"。因此温庭筠的成功不在于偶然地巧妙地把这六个名词堆砌在一起，而在于诗的整体情境的创造，在于对诗的"格式塔质"的追求。这就不难发现，我们古人所说的"气"是一种"总而持之"、"条而贯之"的东西；"神生象外"，"传神在远望中出"；"韵"在"笔墨之外"，是"声外之音"；"境生于象外"，是"象外之象、景外之景"；"味在酸咸之外"，实际上都不是着眼于诗中可见可解的象、意、言这些元素，而是着眼于情境的整体组织，即通过情境整体的创造，使诗在象、意、言之外获得诗的"格式塔质"——深远绵长的美的极致。

还有，中国的"气"、"神"、"韵"、"境"、"味"作为艺术作品的高层次的美，被认为是艺术应当追求的本体性的东西。格式塔心理学派也认为艺术作品的"格式塔质"就是超越事物实体的艺术表现性。而艺术表现性的有无也被认为是艺术与非艺术的一个重要的界线。这就说明在美意识上面中西方也是相通的。

  但是中国美意识的种种范畴,与"格式塔质"相比较,仍有一点很不相同。一般地说,格式塔心理学家讲"格式塔质",主要是讲知觉经验整合生成的特征。它属于浅层心理学范围。而中国的美意识的种种观念,主要来源于老庄哲学的"道",所讲的是人对宇宙、人生的那种终极的、本原的深层生命体验,它与人的深长的情、神秘的思相连。如果说它们也属于心理学的话,那么它们已进入情感、理解等深层心理学的领地了。

(原载《文史知识》1990 年第 8 期)

从"物理境"转入"心理场"
——"随物宛转,与心徘徊"的心理学解

我国古代的诗学理论是一座丰富的宝库,人们从中可以不断地发现一些被忽略的却是极有价值的瑰宝。王元化先生的《文心雕龙创作论》,从《物色》篇中挑出"随物宛转,与心徘徊"八个字加以细审深论,发前人所未发,深刻地揭示了创作活动中主体与客体的关系,是极有见地的。

刘勰在《文心雕龙·物色》篇中写道:"诗人感物,联类不穷;流连万象之际,沉吟视听之区。写气图貌,既随物以宛转,属采附声,亦与心而徘徊。"王元化说:"'物'可解释作客体,指自然对象而言。'心'可解释作主体,指作家的思想活动而言。'随物宛转'是以物为主,以心服从于物。换言之,亦即以作为客体的自然对象为主,而以作为主体的作家的思想活动服从于客体。相反,'与心徘徊'却是以心为主,用心去驾驭物。换言之,亦即以作为主体的作家思想活动为主,而用

主体去锻炼、去改造、去征服作为客体的自然对象。""刘勰认为,作家的创作活动就在于把这两方面的矛盾统一起来,以物我对峙为起点,以物我交融为结束。"① 不难看出,这是从哲学的角度进行解释的。下面我想从心理学的角度作点解释。心、物关系,或者说主体与客体的关系,是诗歌创作中一大难题,值得从不同的角度加以讨论。

现代心理学一个基本的出发点就是关于"物理境"(physical situation)和"心理场"(psychologicar)的联系与区别。这个问题早在现代心理学的奠基人冯特那里就提出来了。他的忠诚的学生、构造主义学派心理学家铁钦纳则对此进行了精辟阐述。他认为存在着两个不同的世界,一个是物理世界,一个是心理世界。物理世界是事物的原初存在,它完全不依赖于任何特殊的个人经验。他以物理学中的时间、空间和质量这三个事物为例,就物理空间而言,它处处时时都同样是恒定的。它的单位是厘米,而每一厘米,不管应用于何处都完全是等值的。就物理时间而言,它也是同样恒定的,其恒定单位是秒。就物理质量而言,也是恒定的,它的恒定单位是克,也时时处处都是同样的。② 总之,在物理世界里,时间、空间、质量都不依赖于经验着的人们。然而当我们把经验着的人考虑在内的话,我们就面对着人的不同的心理世界。在这里,物理世界恒定的尺度就发生了变异,两个世界并不存在着一对一的同步对应关系。同样是一间 $12m^2$ 的房子,在一个住惯了宽阔房子的人的眼中,它简直小得可怜;可如

---

① 王元化:《文心雕龙创作论》,上海古籍出版社,1979 年版,第 73～75 页。
② 见杜·舒尔茨《现代心理学史》,人民教育出版社,1981 年版,第 97 页。

果把它分给一对正在为结婚找不到房子而苦恼的年轻情人来说,它变得够宽阔了。同样是半小时,如果你在炎热的太阳下做苦活,你会觉得它太长了;可如果是在愉快的舞会上,与你心爱的姑娘在一起,你会觉得它太短了。总之,物理世界是对象的客观的原本的存在,而心理世界则是人对物理世界的体验,其主观性是很强的。一方面,心理世界是物理世界的反映,无论如何,物理世界是人的心理活动展开的基础;另一方面,由于不同人的个性不同,原有的心理定势不同,他们面对同一物理世界所筑建的心理世界是不相同的,或者说物理世界和心理世界之间存在着距离、错位、倾斜。心理世界对物理世界的这种距离、错位、倾斜,在科学研究那里是不允许的,因此科学家宁可相信精密仪器的测量,也不愿相信自己的眼睛和心理印象;相反,这在诗人这里却是求之不得的,因为这种距离、错位、倾斜正是他个性的表现和心灵的瞬间创造,正是诗意之所在。因此对于诗人来说,从对物理境的观察,转入到心理场的体验,是他创造的必由之路。刘勰提出的"随物以宛转"到"与心而徘徊",其旨义是诗人在创作中要从对外在世界物貌的随顺体察,到对内心世界情感印象步步深入的开掘,正是体现了由物理境深入心理场的心理活动规律。

"随物以宛转",强调诗人对客观世界的追随与顺从,也就是强调作为本原存在的物理境是创作的起点与基础。"存在决定意识",诗人的创造作为一种意识活动,只有一个来源,那就是客观的世界。"物",或者说"物理境",即我们所说的生活,是诗的创作链条中的第一链。诗人一定要以非常谦恭的态度,"随物以宛转",长久地、悉心地在"物理境"中体察,而不是匆忙地拾取零碎的表象拼凑自己的世界,才会有深厚的根基。对此,古代诗论有丰富的论述。《礼记·乐记》写道:"凡音之起,由人心生也。人心之动,物使之然。感物而动,故形于声。"刘勰在《文心雕龙·明诗》篇中说:"人禀七情,应物斯感,感物吟志,莫非自然。"钟嵘《诗品序》中说:"气之动物,物之感人,故摇荡性情,形诸舞咏。"后来许多诗人都沿着这一唯物主义思路,反复强调创作之前的"身历目到"。如杨万里说:"我初无意于作是诗,而是物、是事适然触乎我,我之意亦适然感乎是物、是事,触先焉,感先焉,而后诗出焉。"(《答建康府大军库监门徐达书》)把这个意思说得最透彻的是王夫之和金圣叹,王夫之说:"身之所历,目之所到,是铁门限。"(《姜斋诗话》)金圣叹则说:"十年格物而一朝物格。"(《水浒传序三》)"随物以宛转"的说法,不但与上面所引述的看法完全一致,而且还特别强调诗人在"物"或"物理境"面前应有的虔诚、皈服、归顺的态度。"宛转"者,即曲折随顺之意,要求诗人之"心"完全服从"物"的支配、调遣,要求诗人按物之原来的形体状貌如实地去体察和了解。也许正是在这个意义上,歌德才说艺术家在用尘世的事物来进行工作时,是自然的奴隶。

然而,刘勰深知,外物若不转变为心中之物,创作仍然是不可能的。于是紧接着"随物以宛转",又提出"与心而徘徊",用心理学的术语说,就是要从物理境转入心理场。诗人如果只"随物宛转",永久滞留在物理境中,就只能永远当自然的奴隶,那么他就只能成为一个机械的刻板的模仿者,不可能成为创造者。他眼中也就只有物貌,而不会有诗情,最终也就丧失了诗人的资格。从这一点看,"与心而徘徊"比"随物以宛转"更为重要。所谓"与心而徘徊",就是诗人以心去拥抱外物，使物服从于心，使心物交融，获得对诗人来说是至关重要的心理场效应。这一思想是刘勰反复强调的。他在《诠赋》篇中提出"睹物兴情"、"物以情观"的思想，在《神思》篇中又提出"神与物游"的说法，而在《物色》篇的"赞"词中又强调"目既往还，心亦吐纳"、"情往似赠，兴来如答"。上述这些说法虽有细微区别，但其旨意都是讲不能滞留于物貌的了解上面，而要以情接物，使物成为诗人目中心中之物，成为一种心理印象，成为一种与物貌的僵死状态不同的、富有诗情画意的图景。铁钦纳在谈到由物理境转入心理场问题时举例说：热是分子的跳跃；光是以太的波动；声是空气的波动。物理世界的这些经验形式被认为是不依赖于经验着的人的，它们既不温暖也不寒冷，既不暗也不亮，既不静也不闹。只有在这些经验被认为是依赖于某个人的时候，才有冷热、黑白、彩色、灰色、乐声、嘶嘶声和呼呼声等效应。[①] 饶有意思的是刘勰早在一千五百年前就指出过这种现象了。他在《物色》篇写到"与心而徘徊"后，也举《诗经》中的艺术描写为例，他说："'灼灼'状桃花之鲜，'依依'尽杨柳之貌，'杲杲'为出日之容，'瀌瀌'拟雨雪之状，'喈喈'逐黄鸟之声，'喓喓'学草虫之韵……"他的意思是这些事物本来都是与人的感知、感情印象无关的（即物理境），但经诗人"与心而徘徊"之后，就用"灼灼"、"依依"、"杲杲"等具有感情的词去着色，而使无感情的事物带有感情色彩，这其实也就是铁钦纳所讲的心理场效应了。至于说到在诗歌创作中，诗

---

① 参见杜·舒茨《现代心理学史》，人民教育出版社，1981年版，第97～98页。

人注重"与心徘徊",不自觉地运用了心理场效应,则在历代诗歌中几乎成为一种"惯例",举不胜举。如物理时间,那是恒定的,无论年、月、日,是多少就是多少,既不会多,也不会少。但在诗人的心理世界里,既可以把它拉长,也可以把它缩短,如"一日不见,如三秋兮"(《诗经·采葛》),把一日拉成三年;"人寿几何?逝如朝霜"(陆机《短歌行》),把几十年缩短为几十分钟。"来日苦短,去日苦长"(同上),则在一句诗中既把时间拉长,又把时间缩短。又如物理空间,也是恒定的,以山水而论,它们的存在及状貌形态是不以人的经验为转移的,可是经过诗人"与心徘徊"后,在他的心理世界里,就可千变万化,如王维的名句"江流天地外,山色有无中",就写出了水与山在诗人眼中心中的变幻。此外,像"一雁下投天尽处,万山浮动雨来初";"一道残阳铺水中,半江瑟瑟半江红";"忽如一夜春风来,千树万树梨花开";"露从今夜起白,月是故乡明";"春色满园关不住,一枝红杏出墙来";"荷尽已无擎雨盖,菊残犹有傲霜枝"……都是"以情观物",都是心理场,物在这里被诗人之心自由地支配和调遣。也许正是在这个意义上,歌德在说完作家要做自然的奴隶之后,又强调作家要做自然的主人。

值得注意的是,在中国古典美学中,对此也进行过深入的理论探讨。如宋代画论家郭熙说:"真山水之川谷,远望之以取其势,近看之以取其质。真山水之云气,四时不同,春融怡,夏蓊郁,秋疏薄,冬黯淡。尽见其大象而不为斩刻之形,则云气之态度活矣。真山水之烟岚,四时不同:春山淡冶而如笑,夏山苍翠而如滴,秋山明净而如妆,冬山惨淡而如睡。画见其大意,而不为刻画之迹,则烟岚之景象正矣。"(《林泉高致·山水训》)郭熙所说的"斩刻之形"、"刻画之迹",实际上是指不在人的经验中的山水的原初存在,即山水的物理境,而他所说的"见其大象"、"见其大意"则是画家"与心而徘徊"时的眼中、心中的印象,即山水在画家那里所形成的心理场。清代画家郑板桥著名的"眼中之竹"、"胸中之竹"、"手中之竹"的说法,则把画家那里所形成的心理场,分成了由浅及深的三个层次,说明"与心而徘徊"是一个不断深入、变幻的过程。

诗人和科学家在对待心理场问题上分道扬镳。心理场作为人的一种主观印象,对科学家来说,可能是一个陷阱。科学家若是依赖心理场效应,他可能掉进偏见的深渊而不能自拔。但对诗人来说,诗所反映的生活就是经过诗人心灵折射的生活,因此心理场正是他求之不得的诗情与画意,他之所以要"与心而徘徊",不正是企望它的出现吗?物理境属于全体,而心理场则属于个人。个人的背景经历、文化修养、审美理想、需要动机、气质才能、情绪心境不同,对同一事物"与心徘徊"也就会大异其趣。文学正是依靠了每个作家千态万状的心理场效应,而呈现出花团锦簇、仪态万千的风姿。

然而,"随物宛转"和"与心徘徊"是对峙的,物理境与心理场是疏离的,"奴隶"与"主人"是对立的。怎样解决这种对峙、疏离和对立,由"随物以宛转"深入"与心而徘徊",由物理境转入心理场,由"奴隶"变成"主人"呢?对此,中国诗学提出一个很重要的字眼叫做"感"。刘勰说:"人禀七情,应物斯感。感物吟志,莫非自然。"(《文心雕龙·明诗》)杜甫说:"感激时将晚,苍茫兴有神。"(《上韦左相十二韵》)元稹说:"凡所为文,多因感激。"(《进诗状》)李梦阳说:"天下无不根之萌,君子无不根之情,忧乐潜于中而感触应于外。"(《梅月先生诗序》)这里所说的"感"、"感激"、"感触",不是单纯的感知,不是搜集材料,而是面对"物"的凝神的体察、体验。当然这种体察、体验可能是一瞬间的把握,也可能是长久的揣摩,无论怎样都是一种投入全副身心的审美的观照。这种观照越是深刻,从前者转为后者的可能性就越大。因此,通过诗人之"感"这一道窄窄的门,才能进入"与心而徘徊"的自由天地,转入心理场的纷然杂陈的世界,并由自然的"奴隶"变成能够调动大千世界的"主人"。

从"随物宛转"到"与心徘徊",或者从物理境到心理场,一个鲜明的特征就是从"无我"到"有我"。既然是"与心徘徊",那么"我"之个性、思想、情感等就不能不粘带其中。这里所谓"有我",又可分为两种类型。这就是王国维后来说的"有我之境"与"无我之境"。王国维说:"有有我之境,有无我之境。'泪眼向花花不语,乱红飞过秋千去','可堪孤馆闭春寒,杜鹃声里斜阳暮',有我之境也。'采菊东篱下,悠然见南山','寒波澹澹起,白鸟悠悠下',无我之境也。有我之境,以我观物,故物皆着我之色彩。无我之境,以物观物,故不知何者为我,何者为物。古人之词,写有我之境者为多,然未始不能写无我之境,此在豪杰之士能自树立耳。"(《人间词话》)王国维这种说法引起过批评。尽管他的说法不无缺点,可还是反映了诗歌创作的实际,有其价值和意义。笔者看来,无论是"有我之境"还是"无我之境",都是诗人"与心而徘徊"的结果,都是诗人建构的审美心理场。"有我之境"中,"以我观物,故物皆着我之色彩",因此这一类型的心理场"有我"是毫无疑义的。问题在"无我之境"中是否也"有我"呢?王国维认为在"无我之境"中,是"以物观物","不知何者为我,何者为物",似乎其中"无我"。这个看法是有问题的。显然,这跟他所说的"一切景语皆情语"的说法是自相矛盾的。实际上"无我之境"也是"与心徘徊"的产物,也是作为心理场而存在的,其中必然也"有我"。只不过在"有我之境"中是"明我","我"的感情是显露出来的;而在"无我之境"中是"暗我","我"的感情是隐藏起来的。前者属投入型的"我",后者属静观型的"我"。从某种意义上看,"暗我"、静观型的"我"比"明我"、投入型的"我"更为深刻、透彻,更具有"我"的内在本质,更是"我"的本质力量的对象化,因为在"与心而徘徊"中,"我"与景物已化为一体,"我"即景物,景物即"我"。这就如同颜色中的白色,它不是无色,相反是一种具有膨胀感的颜色,因而穿白衣服者最能显示"我"的本来面貌。"采菊东篱下,悠然见南山",是"与心徘徊"后的平淡,是烈火锻炼后的清冷,看似"无我",实际上是陶渊明所建构的独特的心理场,反映了他独特的人生态度和独特的生活方式,其中"有我"是确定无疑的。

(原载《文史知识》1990 年第 9 期)

刹那间的直接把握

——"即景会心"与艺术直觉

艺术直觉问题在诗歌创作和鉴赏中是一个极为重要的问题。中国古典诗学对此有丰富的论述。如从先秦时期就提出的"兴"说,到钟嵘的"直寻"说,严羽的"妙悟"说,特别是王夫之在《姜斋诗话》中提出的"即景会心"说,都从不同的层面、不同的角度对诗歌创作中诗人的艺术直觉活动的规律和意义,作了具体而深刻的揭示和总结。

按现代心理学的理解,无论是在科学研究中,还是在艺术创造中,直觉都是一个重要角色。诗人、艺术家信赖直觉,这就是柏格森、叔本华、克罗齐这些美学家们把目光不约而同地投向直觉的原因。就是在那些伟大的科学家心里,直觉也是一颗希望之星。爱因斯坦深情地说:"我信任直觉。"玻恩更是夸大其辞地讲:"实验物理学的全部伟大发现都是来源于一些人的直觉。"作为世纪之交伟大科学家的彭加勒则在他的《科学的价值》、《科学与方法》等书中反复强调直觉对科学发现的重要意义。直觉同时受到诗人、艺术家和科学家的青睐,并非偶然,因为它永远与创造连在一起。创造者,无论是艺术的创造者,还是科学的创造者,都不能不求助于它。

那么,直觉作为人的一种心理机制和活动究竟是怎么回事呢?众所周知,人们的一般认识是分阶段的,先是感性认识,然后经过逻辑推理过程,才逐渐地提升为理性认识。直觉作为一种特殊的认识活动则把上述两个阶段合而为一,在一刹那的直接的体察中,就达到了对事物真理的把握,而把中间的逻辑推理过程省略了。因此直觉虽然取感知的形式,却取得了对事物的本质规律的把握的效果。直观与思维在瞬间的统一,是直觉的基本特征。艺术直觉和科学直觉都具有上述特征,所不同的是,二者虽然都以对事物的直观为起点,但刹那间所达到的终点却完全不同,科学直觉的终点放弃了直观对象的具体形态,化为具有科学发现的抽象概念,艺术直觉的终点并未放弃直观对象的具体形态,而是在把握直观对象的形态的同时又领悟到它的深层的意蕴。黑格尔在《美学》一书中,把这种艺术直觉称为"充满敏感的观照",他说:"'敏感'这个词是很奇妙的,它用作两种相反的意义。第一,它指直接的器官;第二,它也指意义、思想、事物的普遍性。所以,'敏感'一方面涉及存在的直接的外在方面,另一方面也涉及存在的内在本质,充满敏感的观照并不是把这两方面分别开来,而是把对立的方面包括在一个方面里,在感性直接观照里同时了解到本质和概念。"[①]黑格尔这里所说的"本质和概念",就是他反

---

① 黑格尔:《美学》第 1 卷,商务印书馆,1979 年版,第 166～167 页。

复讲到的对象的内在的"意蕴"。按中国的诗学概念,这种内在"意蕴"就是指超越感性形象的神韵、兴趣、滋味、真宰、境界等等。不难看出,艺术直觉就意味着诗人在直观景物的刹那间,同时地、完整地把握景物的形与神、景与情、形态与意味、内境与外境、内意与外意、味内味与味外味等。从心理过程看,艺术直觉意味着诗人获得了一种神奇的透视力,即把感知与领悟、观察与体验、目睹与心击、观看与发现等在瞬间同时实现。

如果我们对艺术直觉的上述理解合乎实际的话,那么我认为王夫之的"即景会心"说,是中国古典诗学中对艺术直觉的最完整、最确切的表述。王夫之在谈到贾岛的"推敲"故事时说:

"僧敲月下门",只是妄想揣摩,如说他人梦,纵令形容酷似,何尝毫发关心?知然者,以其沉吟"推敲"二字,就他作想也。若即景会心,则或推或敲,必居其一,因景因情,自然灵妙,何劳拟议哉?"长河落日圆",初无定景。"隔水问樵夫",初非想得。则禅家所谓现量也。(《姜斋诗话》卷二)

在这段话中,王夫之把"妄想揣摩"与"即景会心"看成是两种不同的心理活动。"妄想揣摩"或"拟议"所依靠的是逻辑推理,把直观与思维分离开来,其结果只能是景与情的分立,即景中之情不是从景中直接获得、直接呈现的,而是由诗人通过"揣摩"外加上去的,这就难以达到"自然灵妙"的境界。所以王夫之既不同意贾岛的那种"妄想揣摩",更反对韩愈对别人的构思横加"拟议",他认为这样做诗"如说他人梦",是很荒唐的。他提倡王维的"即景会心"的创作心路。"即景"就是直观景物,是指诗人对事物外在形态的观照,是感性的把握;"会心"是心领神会,是指诗人对事物的内在意蕴的领悟,是理性的把握。"即景会心"就是在直观景物的一瞬间,景(外在的)生情(内在的),情寓景,实现了形态与意味、形与神、感性与理性的完整的同时的统一,很明显,这就是前述的艺术直觉的心理过程。王夫之的"即景会心"说,与先秦时期就已出现、后由《毛诗序》正式提出的"诗六义"中的"兴"密切相关。历代诗论家对"兴"的解释多有分歧。但刘勰在《文心雕龙·比兴》篇所说的"兴者,起也","起情,故'兴'体以立","观夫'兴'之托谕,婉而成章;称名也小,取类也大",却历来受到重视。这就是说所谓"兴",乃是诗人感物而起情,"感物"是对事物的外在形貌的把握,"起情"则是对事物的内在审美本质的把握,这两种把握是一次性实现的,所以用"兴"的方法所写的作品,"称名也小,取类也大",即从有限的形貌描绘中就可直接窥视到无限的意蕴。不难看出,王夫之的"即景会心"说,与"兴"说是一脉相承的,都是对诗人的艺术直觉的深刻总结。

王夫之怕人不能完全理解他的意思,又举出了王维《使至塞上》中的"长河落日圆"和《终南山》中的"隔水问樵夫"两句为例,来说明他的"即景会心",不是长时期的揣摩拟议,而是在"初无定景"、"初非想得"情况下的当下的直接的把握。"大漠孤烟直,长河落日圆"被王夫之等许多人所称道并不是偶然的。王维的成功在于他并非搜肠刮肚地运用技巧,而是直截了当地抒写他的直感。茫茫沙漠,并无其他景物,所以在无风天,烟就自然显得"孤"而"直",荒远边关,人迹罕至,林木稀少,那奔腾的黄河就显得"长",那西下的夕阳也就显得亲近人的"圆"。在这里,诗人不但准确地描绘了沙漠深处的自然景观,而且自然而然地融入了作者的孤寂的情绪。景到情到,一笔两到,自然妥帖,神韵悠然。"欲投人处宿,隔水问樵夫",是王维《终南山》一诗的尾联,这首诗写尽终南山的景色之美。这末两句历来有争议,有人认为这两句与诗的整体游离,从而持否定态度。王夫之在《姜斋诗话》另一条中为此作了辩护:"'欲投人处宿,隔水问樵夫',则山之辽廓荒远可知,与上六句初无异致,且得宾主分明,非独头意识悬相描摹也。"王夫之的意思是,前三联写尽终南山的辽廓荒远和景色迷人,这后一联则点出迷恋山景的游山人的兴致,使前面的景都从"我"的眼中看出,前后联为一体,非常现成自然而又兴趣横生。从王夫之推崇王维的创作心路中,我们不难发现,他的"即景会心"说,强调"初无定景"、"初非想得"的即兴抒情,是对钟嵘的"直寻"说的继承与发挥。钟嵘在《诗品》中说:"至乎吟咏情性,亦何贵于用事?'思君如流水',既是即目;'高台多悲风',亦唯所见;'清晨登陇首',羌无故实;'明月照积雪',源出经史?观古今胜语,多非补假,皆由直寻。"所谓"直寻"就是直书眼前所见,而不用经史典故来拼凑、比附。当然,"直寻"并非只求景物的外貌的逼真,同时也求对内在意蕴、神采的透视,这一点从钟嵘所举这些情景交融、形神兼备的诗句中可以体会得到。这就说明钟嵘所强调的"直寻",也就是不经逻辑推理、知识拼凑的艺术直觉。

到此为止,仍有一个问题似乎王夫之还未说清,那就是"即景"与"会心"是分成两个阶段先后进行呢,还是一次性的同时实现?这个问题,王夫之似乎自己也意识到了,所以他最后又加了一句"则禅家所谓现量也",把"即景会心"与禅家的"现量"等同起来。作为佛教哲学术语的"现量"是什么意思呢?王夫之对"现量"有过解释,他说:"现量,'现'者有'现在'义,有'现成'义,有'显现真实'义。'现在',不缘过去作影;'现成',一触即觉,不假思量计较;'显现真实',乃彼之体性如此,显现无疑,不参虚妄。"(《相宗络索·三量》)按这个解释,"现量"有三层意思,第一层意思是"现在",强调"现量"不依赖过去的印象,是眼前直接感知的攫取,第三层意思是"显现真实",强调"现量"不仅是对事物表面的观察,而且也是对事物内在"体性"、"实相"的把握。以上两层意思已说明了与"即景会心"相似的"现量",是透过事物外在形态直接把握事物的本质的直觉活动,"现量"的第二层意思"现成",即"一触即觉,不假思量计较",则更明确地强调"现量"是刹那间的一次性的获得与穿透,不需比较、推理、归纳、演绎等抽象思维活动的加入。这样,以禅家术语"现量"译解过的"即景会心"说,就完全显露了它作为艺术直觉理论的全部要义。由于王夫之把"即景会心"说与禅宗学派的"现量"说相联系,就又显示出他的理论与严羽的"妙悟"说的"血缘"关系。唐宋以来,就有不少人以禅论诗,南宋严羽的《沧浪诗话》集其大成,把禅家的"悟"视为诗歌创作的基本规律,他说:"大抵禅道惟在妙悟,诗道亦在妙悟。且孟襄阳学力下韩退之远甚,而其诗独出退之之上者,一味妙悟而已。惟悟乃为当行,乃为本色。"(《沧浪诗话·诗辨》)为什么孟浩然学力不如韩愈,所作的诗却超过韩愈呢?这就是因为孟浩然的"悟"性高于韩愈,而"诗道"惟在"妙悟",即一种感性的敏锐的直觉的体察,它是不经分析、综合过程的整体的领悟,因而它与学力的深浅并没有必然的联系。可见严羽所说的"悟"实际上也就是艺术直觉。王夫之用以解释"即景会心"说的"现量"与严羽所说的"妙悟"同为禅家语,而且意思也十分靠近,清楚地显示出王夫之"即景会心"说与严羽的"妙悟"说的思想联系。

　　从上所述,不难看出,王夫之的"即景会心"说是对"兴"说、"直寻"说、"妙悟"说的总结,正是在这种总结中,"即景会心"说对艺术直觉的规律和意义作出了深刻揭示。王夫之几乎就是用这种"即景会心"说,去衡量一切诗。如他在评张子容《泛永嘉江日暮回舟》一诗时说:"只于心目相取处得景得句,乃为朝气,乃为神笔。景尽意止,意尽言息,必不强括狂搜,舍有而寻无。在章成章,在句成句。文章之道,音乐之理,尽于斯矣。"(《唐诗评选》)所谓"心目相取",就是"即景会心";而"强括狂搜,舍有而寻无",就是那种靠知识堆砌和逻辑推理的"妄想揣摩",王夫之认为对诗而言,"心目相取"、"即景会心",才能把诗推到极致。王夫之在批评"松陵体"诸诗人一味玩弄技巧,韩愈一味追求险韵、奇字、古句时,又说:"含情而能达,会景而生心,体物而得神,则自有灵通之句,参化工之妙。若但于句求巧,则性情先为外荡,生意索然矣。"(《姜斋诗话》卷二)这就是说,"会景"与"生心"、"体物"与"得神",应在瞬间的一次性的艺术直觉中完成,要是长时间揣摩,玩弄技巧字句,则诗人"性情"外荡无存,只能导致创作的失败。

　　值得注意的是,王夫之的"即景会心"说与柏格森、叔本华、克罗齐的非理性的直觉主义不同。西方的直觉主义强调人的生命本能的作用,而以王夫之为代表的中国古典的艺术直觉论则强调人的后天的实践的作用。王夫之认为艺术直觉的生成要有主、客观的条件。他反对"妄想揣摩"、"强刮狂搜",主张"即景会心"、"体物而得神"、"寓目吟成"的艺术直觉,但又强调这种艺术直觉的生成有赖于生活经验的积累,认为对诗人来说,"身之所历,目之所见,是铁门限"(《姜斋诗话》卷二)。诗人只有"生活的富裕"(黑格尔语)之后,在经过了磨砺之后,才能达到"即景会心"、"寓目吟成"的境界。突发的艺术直觉要靠持久的生活积累。此外,王夫之还认为,艺术直觉的生成,还要有主体的条件。王夫之在《古诗评选》中说:"'日落云傍开,风来望叶回',亦固然之景,道出得未曾有,所谓眼前光景者此耳。所云'眼'者,亦问其何如眼。若俗子肉眼大不出寻丈,粗俗如牛,目所取景亦何堪向人道出。"这就是说,在"即景会心"过程中,不仅客体的景是重要的,主体的"心"、"眼"也是重要的。"俗子肉眼大不出寻丈,粗俗如牛",利欲熏心,就是眼前美景如画,也只能熟视无睹。而脱俗的审美"心"、"眼"的获得,也得靠后天的实践。

(原载《文史知识》1990年第10期)

有所"吐"才能有所"纳"
——"才、胆、识、力"作为诗人的心理结构

"诗言志"、"诗缘情"是中国古代诗学的纲领。志,情,在古人的观念中并无根本区别。"在己为情,情动为志,情志一也"(孔颖达)。情、志都属于诗人的主观世界。正是出于此,历代诗学都特别关怀诗人的心理结构。诗人的心理结构直接关系到诗歌创作的成败。袁宗道说:"士先器识而后文艺。"叶燮说:"诗之基,其人之胸襟是也。"沈德潜说:"有第一等襟抱,第一等学识,斯有第一等真诗。"袁枚说:"人必先具芬芳悱恻之怀,而后有沉郁顿挫之作。"刘熙载则讲:"诗品出于人品。"明、清时代这些学者的上述见解,并不是他们的创见,只是对于历代诗学的总结而已。

自古以来,儒、道二家都十分重视诗人的心理结构的建设,但它们所注重的方面不同。儒家的理想是"克己复礼",实现这一理想的手段是"仁"的普遍推行,所以儒家对于诗人的心理结构,也就必然偏

重于从伦理道德的方面提出要求。孔子早就提出"有德者必有言,有言者不必有德"(《论语·宪问》)。汉代王充说:"德弥盛者文弥缛,德弥彰者人弥明。"(《论衡·书解》)唐代韩愈说:"夫所谓文者,必有诸其中,是故君子慎其实('实'指德行、品质——引者)。实之美恶,其发也不掩(yǎn,遮掩——引者)。"(《答尉迟生书》)唐代李翱说:"夫性于仁义者,未见其无文也。有文而能到者,吾未见其不力于仁义也。"(《寄从弟正辞书》)宋代欧阳修说:"道胜者文不难而自致也。"(《答吴充秀才书》)朱熹也说:"然则诗者,岂复有工拙哉?亦视其志之所向者高下如何耳。是以古之君子,德足以求其志,必出于高明纯一之地,其于诗固不学而能之。"(《答杨宗卿》)这就不难看出,儒家诗学的一个基本论点就是"诗原于德性","诗品出于人品"。

道家的理想是返归自然,获取那种"自本自根,未有天地,自古以固存"(《庄子·大宗师》)之"道",实现这一理想的手段是"斋心"、"坐忘",因此,道家对诗人的心理结构,必然从泯物我、同生死、超功利的审美方面提出要求。庄子说:"无不忘也,无不有也,澹然无极而众美从之。"(《庄子·刻意》)意思是说,忘却一切,就可拥有一切,超脱达到了极致,那么美和诗也就随之而来。这就提出了一个审美心胸的问题。后来刘勰所说的"是以陶钧文思,贵在虚静;疏瀹五藏,澡雪精神"(《文心雕龙·神思》),则说明创作主体的虚静的心胸,不但对审美观照是必要的,而且对艺术构思也是必要的。魏晋以后,讲"虚静"的人也很多,唐代刘禹锡说:"虚而万景入。"(《秋日过鸿举法师寺院便送归江陵行》)宋代苏轼写道:"欲令诗语妙,无厌空且静。静故了群动,空故纳万境。"(《送参寥师》)他们所强调的是诗情的跃动勃发来源于超脱功利目的的虚静之心。这就不难看出,道家诗学的一个基本论点就是诗情源于"内美",诗艺出于"林泉之心"。

儒、道两家在诗人心理结构问题上虽然注重点不同,但他们都认为诗作为"言志"、"缘情"的艺术,与诗人主体的心理结构有密切和直接的关系,因此诗人心理结构的建构是极为重要的。值得提出来讨论的,是历代诗学关于诗人心理结构的多层面的论述。诗论家认为,一个诗人的"仁义之心"或"林泉之心"诚然是重要的,但又不能把诗人的崇高品德或淡泊心胸看成是诗人心理结构的全部。诗人的心理结构是一个分层面的"系统"。刘勰在《文心雕龙·体性》中说:"然才有庸俊,气有刚柔,学有浅深,习有雅郑,并情性所铄,陶染所凝,是以笔区云谲,文苑波诡者矣。"《事类》中也说:"属意立文,心与笔谋,才为盟主,学以辅佐,主佐合德,文采必霸,才学褊狭,虽美少功。"在刘勰看来,诗人的心理结构分为两个层面,即先天的才与气,后天的学与习。先天的才与气是"盟主",决定作品的风格。后天的学与习是"辅助",决定"事义深浅"和"体式雅郑"。诗人的先天条件作为自然前提诚然是重要的,但刘勰把它放到"盟主"地位,看不到后天的学与习对一个人的才能的形成,具有更为重要的作用,是失之于偏颇的。然而刘勰把诗人的心理结构分成先天与后天两个层面,是有意义的。严羽在《沧浪诗话》中说:"夫诗有别材,非关书也;诗有别趣,非关理也。然非多读书,多穷理,则不能极其至。"这段话,从字面上看,是在说明诗的本质和特征,提出"别材"、"别趣"的观点,实际上是在说明诗人心理结构的既有区别又有联系的两个层面。在严羽看来,一方面,"诗有别材,非关书也,诗有别趣,非关理也",就是说明诗不是知识的堆砌,不是道理的探求,而是"情性"的吟咏,"兴趣"的抒写。"情性"、"兴趣"都属于感性的方面,这就要求诗人必须有感性的心理结构。另一方面,又强调"非多读书,多穷理,则不能极其至",说明"情性"要吟咏得妙,"兴趣"要抒写得好,又与知识的积累,道理的探求密切相关,"读书"、"穷理"都属于理性活动,这就要求诗人的心理结构在有感性层面的同时,还必须有理性的层面。对于诗人的心理结构来说,缺乏感性的层面,就缺少诗情,理性的层面也就失去意义;但若没有理性的层面,就不能使富于情性、兴趣的感性层面发挥到美的极致。由此不难看出,严羽的"别材""别趣"说,实际上讲的是诗人的感性和理性相结合的心理结构。严羽之后,把诗人的心理结构作为"系统"、"层面"来加以把握的人很多。如明代袁宗道说:"信乎器识文艺,表里相须,而器识狷薄者,即文艺并失之矣。虽然,器识先矣,而识尤要焉。盖识不宏远者,其器必浮浅。"(《士先器识而后文艺》)袁宗道继承和借鉴了古代史学家的见解,把诗人的心理结构分为"器"与"识"两个层面,并认为"识"这一层面是主要的。

这里特别值得注意的是清代学者叶燮对诗人心理结构的层面分析。叶燮说:"曰理、曰事、曰情,此三言者足以穷尽万有之变态,凡形形色色,音声状貌,举不能越乎此;此举在物者而为言,而无一物之或能去此者也。曰才、曰胆、曰识、曰力,此四言者所以穷尽此心之神明,凡形形色色,音声状貌,无不待于此而为之发宣昭著;此举在我者而为言,而无一不如此心以出之者也。以在我之四,衡在物之三,合而为作者之文章。大之经纬天地,细而一动一植,咏叹讴吟,俱不能离是而为言者也。"(《原诗·内篇》)这就是说,诗歌的创作是主体面对客体(理、事、情)的创造,作为主体的诗人必须有其完善的心理结构。在叶燮看来,诗人的完善的心理结构,可分为"才"、"胆"、"识"、"力"四个层面,这四个层面缺一不可,"大凡人无才则心思不出,无胆则笔墨畏缩,无识则不能取舍,无力则不能自成一家"(同上)。叶燮对诗人的"才"是重视的,他说:"夫于人之所不能知,而惟我有'才'能知之,于人之所不能言,而惟我有'才'能言之,纵其心思之氤氲磅礴,上下纵横,凡六合以内外皆不得而囿之。"(同上)叶燮深知,没有这种主要得之于先天的活跃的诗才和审美感兴能力,就不可能成为诗人。但他又清醒地认识到,诗才的发挥要靠"胆"和"力",尤其要靠"识"。他说:"其歉乎天者,才见不足,人皆曰才之歉也,不可勉强也。不知有识以后乎才之先,识为体而才为用,若不足于才,当先研精推求乎其识。人惟中藏无识,则理、事、情错陈于前,而浑然茫然,是非可否,妍媸黑白,悉眩惑而不能辨,安望其敷而出之为才乎?文章之能事,实始乎此。"(同上)这就说明,对一个诗人来说,"识"是一个关键性的因素,若"中藏无识",那么就不可能分辨是非、可否、黑白、美丑,就无力反映生活、抒写情感,也就谈不到什么"才"了。"识为体而才为用","识"在诗人的心理结构中起主导作用。叶燮理论的合理性在于:第一,他继承和总结前人的观点,清楚而具体地把诗人的心理结构规定为"才"、"胆"、"识"、"力"四个层面,并阐明了这四个层面的内在联系,此种理论构架可以说是中国古代诗学关于诗人心理结构理论的总结形态。第二,叶燮承认诗人先天的"才"的作用,看到了诗歌创作作为审美创造活动的特征,但又不把这一点推到绝对化的地步,相反,他强调"才"、"胆"、"识"、"力"四者的统一,尤其强调后天的

"识"的主导作用,肯定诗歌创作的认识性特征,反对把创作神秘化,这也是可取的。

中国古代诗学对诗人心理结构的重视,并非偶然。人们深刻地理解到,诗歌创作是一种审美创造活动。客观生活并不会自动进入作品中,生活的散文必须经过诗人心理结构这个中介环节的作用,才可能升华为诗。这一点正如叶燮所说:"天地无心,而赋万事万物之形,朱君以有心赴之,而天地万物之情状皆随其手腕以出,无有不得者。"(《赤霞楼诗集序》)"无心"的天地是客观的,在"以有心赴之"的条件下,其诗情画意才能获得"发宣昭著"。问题是诗人的心理结构这个中介机制是如何运转的呢?其中有何规律呢?关于这一点,最值得重视的是刘勰在《文心雕龙·物色》中的如下一段话:"山沓水匝,树杂云合,目既往还,心亦吐纳。春日迟迟,秋风飒飒,情往似赠,兴来如答。"这意思是说,诗人在反复的观察、感受中,诗人之心既有"吐",也有"纳"。诗人以己之心看景物,像投赠,景物引起的创作兴会,像酬答。刘勰的这些话是很值得我们揣摩玩味的。

从现代心理学的眼光看来,刘勰的"目既往还,心亦吐纳"的观点,比行为主义心理学高明多了。行为主义心理学把人对物的关系,归结为人的感受器官消极地接受外物的刺激,他们提出的公式是 S(刺激)→R(反应),认为有什么样的刺激就必然会有什么样的反应,完全不考虑反应主体的先在心理结构的作用。瑞士著名心理学家皮亚杰的发生认识论,纠正了行为主义的简单化的弊病,他提出了格局、同化、顺化、平衡等一系列富于辩证法的观念和 S⇌R 的公式。在他看来,客体作用于主体感官,还不足以产生映象,为此还必须有一个来自主体方面的回答性的积极过程。平时人们之所以会面对某种特定事物的刺激而不能作出反应,即视而不见,听而不闻,原因就在于主体还缺乏接受此种刺激的心理结构,缺少积极的回答态度。人作为认识世界的主体,他的心理并不是一张没有写过字的白纸,只能听任客观的笔随意描画。人作为主体在面对客体时,已有一个格局(schema),一个有先天条件和后天环境所形成的格局。这格局大致上相当于我们前面所说的心理结构,它是对事物作出反应的准备。这种格局不是消极的,而是具有动力和转换力的,它可以说是认识结构的起点和核心,是极为重要的中介机制。当主体以自己的独特的格局对客体作出反应时,主体就必然会"把给定的东西整合到一个早先就存在的结构之中,或者甚至是按照基本格局形成一个新结构",这就是主体对客体的"同化"作用。有了同化作用,主体才能对刺激作出反应。但是如果主体仅仅有同化作用,那么它的格局就不能发展、变化,就不会获得新的内容,不会增长新的智慧。实际上,在主体发生同化过程的同时,又产生了"顺化"(也称顺应、调节)过程。所谓"顺化",按皮亚杰的解释,是指主体的格局在同化客体的同时,又受到所同化的因素的影响,而得到重新建构。可以这样说,同化和顺化,是主体认识客体的同一过程的两个方面:一方面,主体以原有的格局去整合客体(同化);另一方面,主体的格局又受影响于客体(顺化)。主体对客体反映的实现,是由同化与顺化之间的平衡促成的。① 刘勰讲"目既往还,心亦吐纳",实际上也就是讲诗人面对外物时的同化与顺化作用。所谓"吐",就是"同化",即诗人以原有的格局(才、胆、识、力等)去整合给定的对象,使对象嫁接到诗人此前就已生成的格局上。这是诗人向对象的投赠,对象因为有了这种投赠而充满了诗情画意。"春日"无所谓"迟迟","秋风"也无所谓"飒飒",这是诗人将自己的情思主动地"吐赠""外物"所形成的风貌。所谓"纳",就是"顺化",即诗人的格局是开放的,他在"吐""赠"的同时,也接受对象的酬答,从而丰富和改变了自己。有所"吐",才有所"纳";有所"纳",诗人的心理结构才得以不断建构,也才有新的"吐"。"吐"与"纳"在诗人的创作过程中相辅相成,实际上也就是"同化"与"顺化"的相辅相成。

(原载《文史知识》1990年第12期)

---

① 以上皮亚杰观点参见皮亚杰《发生认识论原理》,商务印书馆,1985年版,第3页。

苦心危虑而极于精思
——"穷者而后工"说的心理学内涵

"穷而后工"是宋代欧阳修提出来的。欧阳修的朋友梅圣俞才华横溢,抱负不凡,却仕途失意,一生坎坷,转而寄情山水,借景抒情,成为一代著名诗人。欧阳修有感于此,在《梅圣俞诗集序》中写道:"予闻世谓诗人少达而多穷。夫岂然哉?盖世所传诗者,多出于古穷人之辞也。凡士之蕴其所有,而不得施于世者,多喜自放于山巅水涯,外见虫鱼草木风云鸟兽之状类,往往探其奇怪;内有忧思感愤之郁积,其兴于怨刺,以道羁臣寡妇之所叹,而写人情之难言,盖愈穷则愈工。然则非诗之能穷人,殆穷者而后工也。"在《薛简肃公文集序》中也写道:"至于失志之人,穷居隐约,苦心危虑,而极于精思,与其所感激发愤,惟无所施于世者,皆一寓于文辞。故曰:穷者之言易工也。"欧阳修的"穷而后工"说与司马迁的"发愤著书"说、韩愈的"不平则鸣"说一脉相承。司马迁遭到残酷的迫害,在苦难中发愤著书立说,并从自身的遭际中体会到《诗经》、《离骚》等大抵是古人"发愤之所为作","皆意有所郁结,不得通其道也,故述往事,思来者"(《报任少卿书》)。韩愈有感于孟郊年近六旬还在任溧阳尉这种小官一事,一方面同情其遭遇,一方面又认为这种人生的坎坷不平会给他带来诗意情怀,于是在赠序中展开了"不平则鸣"的议论:"大凡物不得其平则鸣,……人之于言也亦然,有不得已者而后言,其歌也有思,其哭也有怀。""穷饿其身,思愁其心肠,而使自鸣其不幸也。"(《送孟东野序》)他还说:"夫和平之音淡薄,而愁思之声要妙;欢愉之辞难工,而穷苦之言易好也。"(《荆潭唱和诗序》)在古代诗学中,与"发愤著书"说、"不平则鸣"说、"穷而后工"说相似的论述还很多。由此不难看出,"穷而后工"说是对古代诗学中一个重要的命题的总结,今天我们从心理学的角度来考察它的内涵,无疑是有意义的。

"穷而后工"的"穷",不是指"贫穷",它与"达"相对,是指诗人坎坷的生活遭际,以及与此遭际相联系的人生的痛苦、焦虑等情感体验。所以欧阳修所说的"穷",用现代心理学的术语来说,就是人的缺失和缺失性体验。人的体验有两种,一种是丰富性体验,即由于事业的成功、爱的温暖、生活的美满以及潜能的充分发挥等所引起的愉快、满足的情感体验;一种是缺失性体验,即由于事业的失败、爱的失落、生活的不幸以及潜能的无法发挥等所引起的痛苦、焦虑的情感体验。欧阳修讲"穷而后工",而没有讲"达而后工",就是强调诗人的缺失性体验比丰富性体验更为重要。这也就是说,并非"诗人少达而多穷",也"非诗之能穷人",诗人之"穷",诗人的这种缺失性体验,乃是诗人独特的一种生存和生活方式,并映现出真正的人的生存和生活方式。众所周知,人的需要是永远不会得到完全满足的。一种需要得到了满足,另一种新的需要又提出来,并要求得到满足,这样人的需要无穷无尽,而人就永远处于缺失之中,痛苦与焦虑一类缺失性体验就永远伴随着人生。"生年不满百,常怀千岁忧"(无名氏),"人生几何时,怀忧终年岁"(蔡琰),"人海阔,无日不风波"(姚燧),这些诗句就道出了人生的这种状态和生存生活方式。我们不必把人的缺失和痛苦、焦虑、忧伤完全看成是消极的。诚然,缺失、痛苦、焦虑、忧伤等也许是人生的苦难或灾难,它折磨人、摧残人,是不待言的。但一定程度的缺失、痛苦、焦虑、忧伤,对人来说也许是不可缺少的。就像没有大气的压力,我们的身体就要爆炸,没有装压舱物的航船在大风大浪中就要翻覆,人若是一切都美满、得意、顺利,没有丝毫的艰难、困苦和不幸,生命就可能因无限膨胀而走向灭亡。感情深笃、精神最为敏感的诗人,最深刻细微地体验到这一切,甚至把这种缺失视为独特的生存和生活方式。看来,司马迁大谈"发愤著书",韩愈大讲"不平则鸣",欧阳修提出"穷而后工",首先是指明了诗人的一种生存和生活方式。李白、杜甫这些大诗人为什么东奔西跑、浪迹天涯而不知疲倦?为什么目睹那么多的血和泪、苦难和灾祸而不厌弃人生?为什么承受了那么多的忧伤、痛苦、焦虑、不安而不改初衷?乃是出于真正诗人对"穷"这种生存和生活方式深刻的选择。

那么,为什么诗人要自觉不自觉地选择这种忧患伴随终生的"穷"的生存和生活方式呢?为什么"和平之音淡薄,而愁思之声要妙;欢愉之辞难工,而穷苦之言易好"?为什么"愈穷则愈工"?

首先,"穷"是诗歌创作的发动力。"穷"作为诗人遭受的内部和外部的挫折,使他的缺失性体验达到某种极限,这样就必然导致他的心理能量蓄积到饱和的状态,而产生心理失衡或严重失衡。如何释放饱和的心理能量,以恢复心理平衡呢?这有多种多样的途径,而诗歌创作作为一种审美创造活动,就是释放、宣泄人的被压抑的心理能量,降低紧张水平,恢复人的心理平衡的一条途径。所以诗人之"穷",不是诗人之不幸,从创作角度看,恰恰是他的大幸,因为他由此获得了一种不能不写的创作驱动力。这种情形就像时钟上紧了发条,它不能不开始走了。欧阳修所说的"内有忧思感愤之郁积,其兴于怨刺,以道羁臣寡妇之所叹,而写人情之难言",正是上述心理规律的古典表达。这里所说的"郁积",与司马迁所说的"人皆有所郁结"中的"郁结",都是指人的深层心理能量的蓄积。韩愈所说的"不平",欧阳修所说的"失志",都是指人的心理失衡。屈原所说的"发愤以抒情"(《惜诵》),司马迁所说的"发愤之所为作"、"述往事,思来者",韩愈所说的"穷饿其身,思愁其心肠,而使自鸣其不幸"、"不得其平则鸣",欧阳修所说的"苦心危虑,而极于精思"、"感激发愤"、"皆一寓于文辞",都是指通过诗歌一类的创作以释放被压抑的心理能量,在审美的畅然一泄中获得心理的平衡和心灵的自由。在韩愈、欧阳修之后,把上述思想讲得最为全面透彻的是李贽。他在《焚书·杂说》中说:"夫世之真能文者,于其初皆非有意于为文也。其胸中有如许无状可怪之事,其喉间有如许欲吐而不敢吐之物,其口头又时时有许多欲语而莫可所以告语之处,蓄极积久,势不可遏。一旦见景生情,触目兴叹;夺他人之酒杯,浇自己之垒块;诉心中之不平,感数奇于千载。即已愤玉唾珠,昭回云汉,为章于天矣,遂亦自负,发狂大叫,流涕恸哭,不能自止。"李贽这里所说的"为文"的道理,实际上适合包括写诗在内的一切文学创作。诗人之"穷",在一定意义上,正是诗人之"富"。正是在"穷"中,诗人蓄积了最为深刻、饱满、独特的情感,正是这种带着眼泪的情感,以一种强大的力量把诗人推上了创作之路。"穷"以及与"穷"相连的忧伤、哭泣不知成就了多少诗人、作家。从一定意义上说,正是"穷"塑造了诗人,因为"穷"就是一种有力的生活。"《离骚》为屈大夫之哭泣;《史记》为太史公之哭泣;《草堂诗集》为杜工部之哭泣;李后主以词哭;王实甫寄哭泣于《西厢》;曹雪芹寄哭泣于《红楼梦》。王之言曰:'别恨离愁,满肺腑,难陶泄,除纸笔,代喉舌,我千种相思向谁说!'曹之言曰:'满纸荒唐言,一把辛酸泪;都云作者痴,谁解其中味!'名其茶曰'千芳一窟',名其酒曰'万艳同杯'者,千芳一哭,万艳同悲也。"①刘鹗这些话也可作为"穷而后工"的一种注释。

其次,"穷"作为诗人的缺失性的情感体验,深刻地塑造了诗人的个性,从而造成诗人独特的感受方式、思维方式,帮助他从平凡的对象中发现新的诗意和属于他的意象。美国著名心理学家鲁道夫·阿恩海姆说:"形状不仅是由那些当时刺激眼睛的东西决定的,眼前所得到的经验,从来都不是凭空出现的。它是从一个人毕生所获取的无数经验当中发展出来的最新经验。"②这就是说,物理世界只有一

---

① 刘鹗:《老残游记初编自序》,见《中国历代小说序跋选编》,长江文艺出版社,1982年版,第276~277页。
② 鲁道夫·阿恩海姆:《艺术与视知觉》,中国社会科学出版社,1984年版,第58页。

个,可心理世界却因人而异,没有两个人的心理世界是完全相同的。决定一个人的心理世界的因素很多,而他的缺失性体验则是其中一个重要因素。他的缺失、痛苦、焦虑、忧伤等是如此刻骨铭心,以至于构成一种"情结",无论他感知什么对象,想象什么图景,都不能不受这一"情结"的影响或支配,从而出现感知的变异,想象的意向性等等。陆机所说的"悲缘情而自诱,忧触物而生端"(《叹逝赋》),韩愈所说的"有不得已者而后言,其歌也有思,其哭也有怀",特别是欧阳修所说的穷者"多喜自放山巅水涯,外见虫鱼草木风云鸟兽之状类,往往探其奇怪",就是讲缺失性体验对诗人的感知、思维方式的重塑作用。由于诗人的"穷"、"忧"、"不得已",他的感情是变态的,这样,当他"触物"之际,"物"就不会客观地呈现,面前的一切都必然从他的泪眼或冷眼中看出,于是"生端",于是"奇怪",于是景象纷呈,于是"其歌也有思,其哭也有怀"。

"穷而后工"的一个重要原因正是由于缺失性体验所引起的感知的变异。从一定意义上说,人们所看到的往往是他们所体验到的,因此,泪眼朦胧中所看见的景物与常人眼中看见的景物不同,它显示出特异的色彩,而富于诗情画意。如李煜从堂堂一国之君变成国破家亡的俘虏以后,备尝人间的痛苦与侮辱,他自己在《与故宫人书》中感叹道:"此中日夕只以泪洗面"。他的失落、孤独、忧伤、凄苦和绝望都是世间少有的。这样,他就用一种哀怨凄绝的眼睛来看世界,用一颗破碎的心来想世界。看到充满生气的春草,他写出却是:"离恨恰如春草,更行更远还生"(《清平乐》);听到平常的风声和雨声,他写出却是:"秋风多,雨如和,帘外芭蕉两三窠,夜长人奈何"(《长相思》);

想到高楼,写出却是:"高楼谁与上?长记秋晴望"(《菩萨蛮》);想到漫漫的春水,写出却是:"问君能有几多愁?恰似一江春水向东流"(《虞美人》)……由于"穷"到极点,其忧伤、绝望之情不但对景难排,而且给所有的景物都染上一层凄婉哀伤的抒情色调,尽管那情绪是消极的,但谁也不能否认他的词是独具一格的出色之作。

"穷而后工"的再一个重要原因是由于缺失性体验所引起的想象的定向化。当诗人处于痛苦、忧伤、焦虑中时,对其所失去的或力求获得的对象,就往往充满一种向往之情,用情的专一使他的想象定向化,变得深挚动人。如爱国诗人陆游一生的理想就是收复中原,但他屡遭投降派的打击,理想不能实现。正如他自己所写的"胡未灭,鬓先秋,泪空流。此生谁料,心在天山,身老沧州"(《诉衷情》),这就是陆游的缺失、忧伤、痛苦和焦虑。这种情感使他"执于一念",无论见什么或做什么,都会联想到"扫胡尘"、"靖国难",收复中原。他看到一幅马图,立即联想到的是"呜呼,安得毛骨若此三千匹,衔枚夜渡桑干碛"(《龙眠画马》);写几行草书,也想象到与敌人作战:"酒为旗鼓笔刀槊,势从天落银河倾……须臾收卷复把酒,如见万里烟尘清"(《题醉中所作草书卷后》);赏小园牡丹,却想到"洛阳牡丹面径尺,鄜畤牡丹高丈余……周汉故都亦岂远,安得尺箠驱群胡"(《赏山园牡丹有感》);喝醉了酒,却发出这样的感慨:"壮心未许全消尽,醉听檀槽出塞声"(《醉中感怀》)。他的报国仇、雪国耻的心事,不但在清醒时念念不忘,即或在梦境中,也难于排遣,他写道:"僵卧孤村不自哀,尚思为国戍轮台,夜阑卧听风吹雨,铁马冰河入梦来。"(《十一月四日风雨大作二首(其二)》)如果陆游不是因为"穷",不是因为缺失、忧伤、痛苦、焦虑,他会有如此激越高昂的想象力而写出"一语胜千百"(《瓯北诗话》)的极"工"的诗篇来吗?!

诗不能"穷"人,但"穷者而后工",而且"愈穷则愈工",则是无疑的。这样,我们也就理解了恩格斯为什么不说"快乐出诗人",而说"愤怒出诗人"。

(原载《文史知识》1991年第1期)

诗的潜在次序的发现
——释"无意于佳乃佳"

诗论家们普遍认为,真正的好诗是"神品"、"逸品",其中有一种似乎是人力难以达到的、妙不可言的"东西"。这种"东西"有人说是"天机",有人说是"自然灵气"。如果用现代诗学术语说,这就是诗的潜在次序或诗的深层结构。问题是对诗人而言这种潜在次序和深层结构是怎样发现的呢?中国古代诗学对此的回答是有分歧的。这就是"苦吟"派和"快吟"派的对立。清代孔尚任说:"诗有二道,曰工,曰佳。工者多出苦吟,佳者多由快吟。古人谓诗穷而后工,特为工者言耳。而佳诗,则必风流文采,翩翩豪迈,能发庙朝太平之音。"(《山涛诗集序》)这种把"工"与"佳"截然分开的说法未必妥当,但孔尚任明确指出"苦吟"与"快吟"两派的区别还是有意义的。"苦吟"派和"快吟"派在如何去发现诗的潜在次序问题上,其看法的确是很不相同的。

"苦吟"派以中唐以后的一些诗人为代表,他们认为诗若要工就必须长期不断地搜索枯肠,雕章琢句,反复推敲。孟郊说:"夜学晓未休,苦吟神鬼愁";卢延让说:"吟安一个字,捻断数茎须";裴说说:"莫怪苦吟迟,诗成鬓亦丝";方干说:"才吟五字句,又白几茎须"。也许他们的看法来自杜甫,因为杜甫说过:"为人性僻耽佳句,语不惊人死不休。"论画则主张"十日画一水,五日画一石,能事不受相促迫,王宰始肯留真迹"(《戏题王宰画山水图歌》)。当然,杜甫并非"苦吟"派,他写的即景会心、纵手而成的即兴诗很多。"快吟"派以苏轼为代表。他认为写诗不必冥思苦索、琢刻藻绘,要快吟,要"冲口而出"。"好诗冲口谁能择,俗子疑人未遭闻"(《重寄》)。他在《跋刘景文欧公帖》中说:"此数十纸皆文忠公冲口而出,纵手而成,初不加意者也。其文采字画,皆有自然绝人之姿,信天下之奇迹也。"在《评草书》一文中,他又说:"书初无意于佳乃佳尔,草书虽是积学乃成,然要是出于欲速。古人云'匆匆不及草书'。此语非是。若匆匆不及,乃是平时亦有意于学。"苏轼的意思是:平时要"积学","有意于学",而草书时则要"速",即不假思索挥毫成字,这样,虽"无意于佳",可最后却达到了"佳"的境界。这里所讲的是书法,然而"无意于佳乃佳"的观点却是对他的作诗要"冲口而出"的观点的更深一层的表述。苏轼的门人张耒深得其老师的旨意,进一步发挥说:"文章之于人,有满心而发,肆口而成,不待思虑而工,不待雕琢而丽者,皆天理之自然,而情性之道也。"(《贺方回乐府序》)其后,所谓"不求工者自工"、"不期高远而自高远"等说法,也都得苏轼的"无意为文"、"冲口而出"的本旨,成为"快吟"派的口头禅。公平地说,"苦吟"与"快吟"各有千秋,苦吟以人工胜,稳妥严谨,精当洗练,但失之于雕琢;快吟以自然胜,触物兴怀,涉笔成趣,但也可能无边无际,信口开河,失之于粗疏。本文无意于评判"苦吟"与"快吟"的优劣,只是想对苏轼等提出的"无意于佳乃佳"和"冲口而出"的观点作些讨论,因为苏轼的观点作为古代诗学的一种理论,广有影响,而且也的确不失为一种真知灼见。

"无意于佳乃佳"、"冲口而出"实际上提出了一个诗学悖论:一方面,诗人无意于诗,无意于佳,更无意于传世,即"无心插柳";可另一方面却在不经意间"冲口而出",而有了诗,有了佳诗,有了可以传世之诗,即"无心插柳柳成荫"。这种思路并非苏轼首创,《淮南子·说山训》中早就说过:"求美则不得美,不求美则美矣。"《历代名画记》中也说:"夫运思挥毫,自以为画,则失于画矣;运思挥毫,意不在于画,故得于画矣。"苏轼的"无意于佳乃佳"是对这一思路的新的发挥和概括。

我们可以从社会学和心理学两个不同的层面来解释苏轼的上述论点。

从社会学的层面看,苏轼的"无意于佳乃佳"是反对为写诗而写诗、为艺术而艺术,强调写诗的社会功利目的,强调有感而发,反对无病呻吟,反对"为赋新词强说愁"。苏轼说:"文章以华采为末,而以体用为本"(《答乔舍人书》),"有意于济世之用,而不志于耳目之观美"(《答虔倅俞括奉议书》)。这就是说,诗作为"济世"之具,要以"体用为本",那么诗人就要有社会责任感,不装聋作哑,不趋炎附势,不奴颜婢膝,不争宠取怜,敢爱人之不敢爱,敢恨人之不敢恨,敢道人之不敢道,敢写人之不敢写,这样"冲口而出"的诗篇,自然有经世济民之志,愤世嫉俗之心,真切动人之情。苏轼自己曾说:"言发于心而冲于口,吐之则逆人,茹之则逆予,以谓宁逆人也,故卒吐之。"(《题跋·录渊明诗》)这样,苏轼的诗就是不吐不快、无所避讳的率真之词,无意为诗而终为传世之佳诗。

从心理学的层面看,苏轼的"无意于佳乃佳"内涵也很深刻。"无意于佳",即在写诗时,精神完全放松,心理处在弥散状态,不把写诗当作一回事,不去冥思苦想,搜肠刮肚;"乃佳",即是在这种不经意之间的冲口而出,倒发现了诗的潜在次序或深层结构,创作出了佳作。表面上看,诗人的精神状态(无意于佳)与产生的结果(佳)是矛盾的,实际上这是符合心理活动规律的。

首先,聚精会神、殚思竭虑的精神状态,对科学研究来说是十分必要的,但对写诗这种审美创造活动来说有时就未必好。因为这种精神状态就意味着诗人处于有意识注意中。有意识注意,使诗人完全清醒,无意识受到全面的抑制,意识聚焦高度活跃,这样诗人的思维是准确的、谨严的、规范的,但也可能由于思维过于准确、谨严、规范而陷入狭隘,而不能自由挥写,不能寻找到"自然灵气"与"天机"。格式塔心理学为我们对意识聚焦的局限作了详尽的研究,他们"通过无数试验证明,我们的眼睛,或者说得更确切点,我们的大脑,有一种压倒一切的需要,这就是从眼前任何杂乱形式中选择出一种准确、集中、简单的模式来。对于艺术形式这种复杂的充满自然灵气的结构来说,意识聚焦的这种选择性、狭窄性、规范性和准确性太缺乏伸缩性和张力了"①。这也正是苏轼主张"无意于佳"、"无意为文"、"冲口而出"的原因。在"无意"和"冲口而出"的不经意和无心的状态下,有意识注意和意识聚焦无法形成,这就可以使诗人免于陷入过于准确、过于狭隘的不利发现诗意的困境。

其次,诗创作是有意识与无意识结合的产物。对诗人来说,意识诚然是重要的,但无意识是一块辽阔的"非洲大陆",它的资源非常丰富,完全没有无意识的资养,诗创作也难以达到极致。如果说意识可以帮助诗人达到准确、精当、严谨、洗练的话,那么无意识则可以帮助诗人把意识的狭小的焦点扩大为一种广阔、丰富而包罗万象的审视。正是透过这种弥散的审视,诗的潜在次序和深层结构才易于被发现。西方有的学者说:"艺术创造是在心理的、深邃的、无意识上获得营养的。艺术家比起一般人更善于自由地驾驭自己受压的内驱力,而且能在这过程中用神奇的审美次序及和谐来引导它们。"②这些话未必尽妥,但它肯定艺术创作需要无意识的协助,则是无可避讳的事实。苏轼之所以强调"无意于佳乃佳",强调"冲口而出",其原因之一就是肯定了无意识对诗创作的作用。如果说"苦吟"派更重视求助于意识的话,那么"快吟"派则更重视求助于无意识。因为在"无意"和"冲口而出"的情形下,人的精神放松了,意识对无意识的压力减小了,这时无意识就可冲破意识的"防卫",出来施展它的才能。这样,诗人就会出现一种神思恍惚的、弥散的、具有张力的审视和快捷的捕捉,这可

---

① A. 埃伦茨韦格:《艺术的潜在次序》,见《当代美学》光明日报出版社,1986年版,第420页。

② 同上注。

能是最富于创造性的一瞬间,自然灵气似乎不思而至,意外佳构仿佛纵手而成。苏轼在《腊日游孤山访惠勤惠恩二僧》一首的最后二句云:"作诗火急追亡逋,清景一失后难摹。"一般人认为这是指诗人来了灵感,要赶快捕捉住诗情,不让它跑掉,这自然是对的。但所谓"灵感",也就是将有意识提出的任务,交由无意识去完成。诗人抓住的这一刻,也正是他的充满张力的无意识审视出现的一刻,抓住这一刻"冲口而出",就可能是好诗。

这里值得提出的还有刘熙载在《艺概·诗概》中的一段话:"文所不能言之意,诗或能言之。大抵文善醒,诗善醉,醉中语亦有醒时道不到者。盖其天机之发,不可思议也。故余论文旨曰:'惟此圣人,瞻言百里。'论诗旨曰:'百尔所思,不如我所之。'"刘熙载以他的艺术家的敏感,发现诗歌创作与文章写作的不同。文章写作要有明确的概念和严密的逻辑,才能把道理讲透彻,把事实摆清楚,所以他说"文善醒"。"醒",即是明意识,在清醒的意识中,才能准确地控制和安排好那些概念和逻辑。诗歌创作要有动人的情感和鲜活的意象,才能把情景描摹好,所以他说"诗善醉"。"醉",即不清醒,是潜入无意识状态。而"醉中语亦有醒时道不到者",即指无意识的特殊的张力和创造力,可以弥补意识之不足,而透露出不可思议的"天机"来。由此,刘熙载提出他的论诗宗旨是"百尔所思,不如我所之"。此语出自《诗经·载驰》,意思是说,你们出了许多主意,都不如我自己出的主意。刘氏用它强调诗表现诗人自我的特征。不难看出,刘熙载的话含有这样的旨趣:诗人的"醉"正是诗人的不"醉",因为诗人从"醉"中得到了"醒"时得不到的东西,这与苏轼的"无意于佳乃佳"的说法有异曲同工之妙。

当然,苏轼强调"无意于佳"、"冲口而出",并不是无条件的乱嚷乱叫,也不是做白日梦。苏轼认为要达到"无意于佳乃佳"的创作境界,既要长期"积学",又要为人豪爽,即以创作主体的学问与性格为条件。他在《跋王巩所收藏真书》中说:"余尝爱梁武帝评书,善取物象。而此公尤能自誉,观者不以为过。信乎其书之工也。然其为人傥荡,本不求工,所以能工。此如没人之操舟,无意于济否,是以覆却万变,而举措自若。其近于有道者耶。"苏轼这里是在评论怀素(藏真)的书法,他认为怀素"为人傥荡",性格豪爽,所以他的书法"本不求工,所以能工",就像那"没人"(有潜水本领的人)操舟,心中有数,不怕掉到水中,也不关心能不能渡到对岸,所以尽管船在惊涛骇浪中颠簸,也能举措自如。苏轼评论书法的这些话,对诗歌创作同样也适用,诗人只有在根柢深厚、自身强大而具有很强的驾驭能力的情况下,他才能做到胸有成竹,既能"如万斛泉源,不择地皆可出",又能"常行于所当行,常止于不可不止"(苏轼《自评文》),达到"无意于佳乃佳"的境界。这也就是说,偶然实乃出于必然,"无意于佳"所仰靠的无意识的张力和创造力,其实是以深厚的根柢为基础的,若没有这个基础,所谓"佳"的效果是不会自来的。关于这一思想,南宋诗人刘克庄有较好的发挥,他说:"大率有意于求工者率不能工,惟不求工而自工者为不可及。求工不能工者,滔滔皆是,不求工而自工者,非有大气魄、大力量不能。"(《回信庵书》)"大气魄"、"大力量"就是根柢,有了这个根柢,才能谈"无意于佳乃佳"或"不求工自工"。就以苏轼为例,如果不是他的旷达豪爽,有不同流俗的心胸和才学超群的准备,那么他也不可能"冲口而出",达到"无意于佳乃佳"。李晔说:"子瞻雄才大略,终日读书,终日谭道,论天下事……止因胸次高朗,涵浸古人道趣多,山川灵秀,万物之妙,乘其傲兀恣肆时咸来凑其丹府,有触即尔迸出,如石中爆火,岂有意取奇哉!"(《与孔孙论画散语》)这就说明,无意识的创造力和张力诚然是宝贵的,但并非每个诗人都能充分利用它。只有那些在气、才、胆、识、力等各个方面都有充分准备的诗人,才有可能有机会去得到它的滋养,而于"无意"中,于"无心"中,于"冲口而出"中,获得那似乎是人力难以达到的"天地自然之音",发现诗的潜在的艺术次序,创造出传世之佳篇来。

(原载《文史知识》1991年第2期)

拔地倚天　句句欲活
——"语不惊人死不休"的理论意义

　　杜甫的诗句"为人性僻耽佳句,语不惊人死不休"(《江上值水如海势聊短述》),历来脍炙人口。但一般都仅仅从杜甫作诗刻意求工、重视词语锤炼的角度来理解,很少有人去阐明这两句诗的理论意义。实际上,杜甫写下这两句诗,不仅仅是对他自己创作精神的描述,而且更重要的是提出了诗歌语言的创新问题。因为"语"若要"惊人",就不能陈陈相因、落入窠臼,而必须别出心裁、戛戛独造。

　　陆机在《文赋》中说:"谢朝华于已披,言夕秀于未振。"这里是以比喻说明古人反复用过的词语如"朝华"一样"离披"(萎靡貌)凋谢了,而古人未用少用之词语,犹如晚出之秀,未经他人振刷,则应启用。杜甫的"语不惊人死不休"与陆机所提出的文词创新的观点一脉相承,不过杜甫说得更动情,因而也更加强调。杜甫之后,韩愈在《答李翊书》中说:"当其取于心而注于手也,惟陈言之务去,戛戛乎其难哉。"在《答刘正天书》中又提出对前人应"师其意不师其辞","能者非他,能自树立不因循者是也"。在《樊绍述墓志铭》中,认为"惟古于词必己出"。韩愈这些话虽是论散文写作的,但同样也适用于诗歌创作,而且他的"惟陈言之务去"与杜甫的语应"惊人"之论是一致的。语言创新一直是古代诗学的重要命题,在韩愈之后,其门下李翱、皇甫湜、孙樵等更提出"趋奇走怪"的论点。苏轼、元好问、杨慎、袁枚等人对文词出新也都有精辟深微的论述。

诗歌语言如何才能创新而取得"惊人"的效果呢?总结古人的论述,似可从以下三个方面努力:

第一,接受自然的馈赠。文词的创新实乃出于文意的创新,而文意的创新又离不开对自然的精细体察和生动描摹。因此诗人必须贴近自然,才可能在描摹自然中创意造言,令诗句"拔地倚天,句句欲活"。对此,皇甫湜说:"夫意新则异于常,异于常则怪矣;词高则出众,出众则奇矣。虎豹之文,不得不炳于犬羊;鸾凤之音,不得不锵于乌鹊;金玉之光,不得不炫于瓦石:非有意先之也,乃自然也。"(《答李生第一书》)孙樵也说:"鸾凤之音必倾听,雷霆之声必骇心。龙章虎皮,是何等物;日月五星,是何等象?储思必深,摛辞必高。道人之所不道,到人之所不到,趋奇走怪,中病归正。"(《与王霖秀才书》)他们的意思是说,事物不同,个性也不同。虎豹与犬羊不同,其皮毛的花纹也不同。鸾凤与乌鹊不同,其鸣叫的声音也不同。金玉与瓦石不同,其明暗亮度也不同。这都是自然本身的规定。所以意新语奇,并非诗人故意造作,不过是接受自然馈赠而已,按自然的本色行事。皇甫湜、孙樵的"趋奇走怪"之论未必尽妥,但他们对诗文词意的创新的论述,还是很有见地的。的确是这样,一个诗人若能忠实于生活,精细入微地体察自然,那么从他笔端流出来的语言,就自然而然是清新惊人的。例如,对杜甫《水槛遣心二首》中"细雨鱼儿出,微风燕子斜"的诗句,金圣叹在《杜诗解》中评道:"'细雨出','出'字妙,所乐亦既无尽矣。'微风斜','斜'字妙,所苦亦复无多矣。"但"出"、"斜"二字如何用得妙呢?金圣叹并未说明白。凡认真观察过大自然的人都会知道,在细雨中,平静的水面突然遭到小雨点的轻轻敲击,本在深水中的鱼儿,就会以为有食物从天而降,纷纷探出头来寻觅。在微风中,也只有在微风中,燕子才会在天空中倾斜着轻轻地抖动自己的翅膀。倘若无风,若在大风中,燕子都不会有这种动作形态。杜甫在诗句中用"出"、"斜"二字,的确是新鲜而又传神的。而杜甫之所以能恰到好处地用这两个字,乃是由于他对自然景物的细微变化都有过细致的体察。杜甫许多新奇的用语都来自对生活的体察。如"芹泥随燕嘴,花蕊上蜂须"(《徐步》),"风起春灯乱,江鸣夜雨悬"(《船下夔州郭宿,雨湿不得上岸,别王十二判官》),"星垂平野阔,月涌大江流"(《旅夜书怀》)等等,都可谓"一语天然万古新"(元好问语)。生活之树常青,执著于生活的诗人,其文意词意也就能常新。

第二,自出机杼,诗中有我。"语"要"惊人"、创新,还必须敢于别出心裁,大胆抒写自己的独到的所感所见所闻。以俯仰随人为耻,以自出机杼为荣。如果诗中的一切都从自己的眼中见出,从自己的心中化出,那么自然就能闯前人未经之道,辟前人未历之境,造前人未造之言。袁枚说:"为人,不可以有我,有我,则自恃很用之病多,孔子所以'无固'、'无我'也。作诗,不可以无我,无我,则剿袭敷衍之弊大,韩昌黎所以'惟古于词必己出'也。北魏祖莹:'文章当自出机杼,成一家风骨,不可寄人篱下。'"(《随园诗话》卷七)李白的诗句拔地倚天,句句欲活,其重要原因就是诗中"有我",极富个性色彩。如"花间一壶酒,独酌无相亲。举杯邀明月,对影成三人"(《月下独酌四首》),"安能摧眉折腰事权贵,使我不得开心颜"(《梦游天姥吟留别》),"弃我去者昨日之日不可留,乱我心者今日之日多烦忧"、"抽刀断水水更流,举杯消愁愁更愁"(《宣州谢朓楼饯别校书叔云》),"长风破浪会有时,直挂云帆济沧海"(《行路难三首》),"君不见黄河之水天上来,奔流到海不复回"(《将进酒》)等等,都渗透了李白自己的个性倾向、感情色彩和主观愿望,每一句都从自己心中化出,所以这些豪放、潇洒、奇崛、天真的语句,才能够"惊人"传世而万古常新。

  第三,熔古今于一炉,而自成面貌。"语"要"惊人"、创新,并不是要割断传统,把前人说过的话全部丢弃,自造一些"怪怪奇奇"的语句。唐代裴度针对韩愈门下一些诗人一味追求奇诡的弊病,提出了批评。他主张继承传统,认为古代经典"虽大弥天地,细入无间,而奇言怪语,未之或有。意随文而可见,事随意而可行。此所谓文可文、非常文也"。与传统对着干是不行的,他举例说:"昔人有见小人之迷道者,耻与之同形貌。共衣服、遂思倒置眉目,反而冠带以异也,不知其倒之反之非也。虽非于小人,亦异于君子矣。故文之异,在气格之高下,思考之深浅,不在其磔裂章句、隳废声韵也。"(《寄李翱书》)裴度的批评无疑是对的。但对传统也不能亦步亦趋。食古不化也是没有前途的。南宋洪迈反对一味模仿古人,提出好的作品应"超然别立新机杼"(《容斋随笔》)。袁枚也说得好:"抱韩、杜以凌人,而粗脚笨手者,谓之权门托足。仿王、孟以矜高,而半吞半吐者,谓之贫贱骄人。开口言盛唐及好用古人韵者,谓之木偶演戏。故意走宋人冷径者,谓之乞儿搬家。好叠韵、次韵、刺刺不休者,谓之对婆絮谈。一字一句,自注来历者,谓之骨董开店。"(《随园诗话》卷五)按袁枚的理解,诗的佳处"不在能与古人合,而在能与古人离"(《与稚存论诗书》)。在继承传统与革新创造的关系问题上,最值得重视的是杜甫在《戏为六绝句》中提出的"不薄今人爱古人"、"转益多师是汝师"的理论原则。杜甫强调要创新,提出"语不惊人死不休",同时又认为创新和以前人为师并不矛盾。但以前人为师,又不是对某一个古代诗人的照搬照描,而是兼取众长,无所不师而无定师,即不论是谁之作,皆采取"清新丽句必为邻"的态度。这就是所谓"读书破万卷,下笔如有神"。能驱驾众家,才能卓然自成一家,而雄视百代。

"语不惊人死不休"和"惟陈言之务去"作为一种诗歌语言创新理论,符合现代心理学所揭示的知觉规律。

本世纪初产生了俄苏形式主义文论。他们提出了文学语言的"陌生化"理论。他们认为文学所反映的生活、所抒发的感情,都不是文学本身所固有的,因而不能说明文学的特异之处。文学的特异之处就是它的"文学性",而"文学性"不是别的,就是文学语言的"陌生化"(又译"奇特化")的效果。所以文学是一种扭曲了的陌生化的语言结构。显然,他们的文学观念是错误的,因为他们把文学与生活割裂开来,完全否定内容的文学特性,这就不能不陷入形式主义的泥潭。但他们提出的文学语言"陌生化"的理论,以及为此理论所寻找到的心理学的依据,揭示了文学语言的重要特征,仍具有借鉴意义。

特别值得注意的是,他们所说的"陌生化"、"奇特化"与杜甫所说的出语"惊人"、韩愈所说的"惟陈言之务去"不无相通之处,而且他们阐明"陌生化"原则所运用的知觉心理学规律,对于我们深入地认识杜甫、韩愈的语言创新理论,也是合适的。

杜甫所追求的语言"惊人"效果,韩愈所讲的"惟陈言之务去",以及俄苏形式主义者所讲的语言的"陌生化",其文学语言观的相通之点是反对因袭、主张出新和对普通言语的某种疏离。因袭的、陈腐的、反复使用的语言不宜于诗,是因为这种语言使人的感觉"自动化"和"习惯化"。而一种感觉若是自动化、习惯化了,那么就必然会退到无意识的领域,从而使人不再能感觉到或强烈地意识到它。譬如,当你第一次骑自行车上街,你战战兢兢的,你的感觉还没有自动化、习惯化,你一定会强烈地体验到这第一次骑车上街的滋味,甚至多少年过后,你仍能回忆起这次上街的情景,说出你的体验,但在骑车的技巧已十分熟练,而且已千万次反复骑车上街后,这时骑车的动作完全自动化了,你的骑车的感觉完全退到无意识领域,你也就不再感觉到或强烈地意识到骑车上街有任何新异之处,试想,有谁能回想起第一万次骑车上街的情景呢!文学语言的运用也存在着这种自动化、习惯化的问题。某些词语当诗人第一次运用它时,人们会感到很新鲜、很动人,会细细地去体味它。但当这个词语已被人反复使用过,已变成了陈词滥调,那么你再去使用它时,人们就仅仅把它当作一个记号,让它很快地不加感觉地从眼前通过,这个词语的丰富的表现功能已在反复使用中磨损消耗尽了。例如最初用"阳关三叠"、"一曲渭城"来表现送别,本来是很生动的,能够使人细细体味的。但如果人人都用这两个词语来表现送别,那么它就变成陈腐不堪的语言,不再能引起我们的新鲜感觉了。像古诗中"飘零"、"寒窗"、"斜阳"、"芳草"、"春闺"、"愁魂"、"孤影"、"残更"、"雁字"等词,由于反复使用,其表现功能已耗损殆尽,再用这些套话做诗,就必然引起人们的感觉自动化、习惯化,而使诗篇失去起码的表现力。由此可见杜甫要求出语"惊人"、韩愈要求"陈言务去"是有充分的心理学依据的。

更进一步说,杜甫和韩愈的文学语言创新理论,实际上是要求文学语言在某种程度上要疏离与异化普通的言语及用法。因为如果跟普通言语及用法完全没有距离,没有丝毫的疏离与异化,那么也就必然是陈言累篇,达不到"惊人"的效果。"文学语言疏离或异化普通言语;然而,它在这样做的时候,却使我们能够更加充分和深入地占有经验。平时,我们呼吸于空气之中但却意识不到它的存在:像语言一样,它就是我们的活动环境。但是,如果空气突然变浓或受到污染,它就会迫使我们警惕自己的呼吸,结果可能是我们的生命体验的加强。"①对于这个心理学的规律,韩愈似乎也认识到了。他在《答刘正天书》中谈到语言必须创新时说:"夫为物朝夕所见者,人皆不注视也;及睹其异者,则共观而言之。夫文岂异于是乎?"又说:"足下家中万物,皆赖而用也;然其所珍爱者,必非常物。夫君子之于文,岂异于是乎?"这就是说,对视觉而言,一般地讲,寻常之物不能成为一种强刺激物,不能引起我们的重视,必须是与寻常物有所疏离的异常物,

---

① 特雷·伊格尔顿:《二十世纪西方文艺理论》,陕西师范大学出版社,1986年版,第5~6页。

才能构成新奇的刺激物,而引起我们的重视。诗人所用的词语也是这样,某些异化了的、扭曲了的、偏离普通言语的词语,就易于引起读者的重视,而具有"惊人"的艺术力量。

前面我们曾提到杜甫在《船下夔州郭宿,雨湿不得上岸,别王十二判官》一诗中的句子:"风起春灯乱,江鸣夜雨悬。"乱、悬两字用得极好,特别富于表现力。究其原因,是杜甫对普通言语作了某种疏离与异化。灯在江风中晃来晃去,摇来摇去,因此"春灯晃"或"春灯摇"似乎更贴切,但杜甫偏用与实际情景保持某种距离的"乱"字,就把人的感觉、情感投入进去了。"乱"不仅仅形容"灯"在江风中摇晃,而且也透露出诗人因"雨湿不得上岸",与朋友在此种情景中告别的那种骚动不安的心情。"江鸣夜雨悬"中的"悬"字也用得奇怪,人们只说"下雨"、"降雨"、"落雨",从来不说"悬雨","悬雨"完全是一种"陌生化"的语言,是对普通言语"下雨"、"降雨"、"落雨"的疏离与异化,但杜甫在此用一"悬"字,就把那雨似是永久悬在空际的情景,把江鸣雨声,无休无止,通宵不绝于耳的那种感觉,鲜明而强烈地表现出来了,这就使我们的生命体验大大地加强了。杜甫以他自己的创作实践提醒人们,他所说的"语不惊人死不休"有着深刻的理论内涵。

(原载《文史知识》1991年第3期)

有限向无限的生成
——"含蓄"与"简化性"

"含蓄"作为艺术美的形态是中国古典诗学特别重视的一个问题。这一方面是由于中国古诗多为四、五、七言,四、八句的短制,不能不要求短中见长,小中蓄大;另一方面则与儒、道两家的思想有关。儒家诗教主张"美"、"刺",而无论"美"、"刺"都要求委婉曲折,温柔敦厚,乐而不淫,怨而不怒,不迫不露,不直不粗。道家则认为"天地万物生于有,有生于无"(老子语),"无"为万物之母,"无"是"有"的根本,并认为"大音希声"、"大象无形"。儒、道两家上述思想当然是不同的,但也有相通之处,即都重视"无"与"有"、"虚"与"实"、"内"与"外"、"言"与"意"之间的辩证关系。这种相通之处反映到诗学上面,就都以"含蓄"、"蕴藉"、"空灵"为美,以直语、粗语、铺排语、说尽语为不美。当然,"含蓄"之所以成为古代诗学的一个关注点,归根到底是审美和艺术规律制约的结果。

"含蓄"作为一种美的形态的说法,较早见于司马迁的《屈原贾生列传》:"其(指屈原及其《离骚》)文约,其辞微,其志洁,其行廉,其称文小而其指极大,举类迩而见义远。"所谓"文约"、"辞微",指诗里说出来的少,或说得比较简约,所谓"指大"、"义远"指所暗示出来的意味则丰富而深远。在这里"含蓄"的本义已基本上被揭示出来了。其后,刘勰在《文心雕龙·隐秀》中对诗文中的"隐"作了说明,他认为"隐也者,文外之重旨者也","隐以复意为工","夫隐之为体,义主文外,秘响傍通,伏采潜发"。在刘勰看来,优秀的诗文是"复意"的结构,一层是字面的意思,一层是言外的意思,而"隐"作为一种含蓄之美,所重视的是"文外之重旨",即第二层意思,所以诗文应"义主文外",应"秘响傍通,伏采潜发",这样才能"使玩之者无穷,味之者不厌矣"。在这里,刘勰以其敏锐的艺术眼光,从创作和鉴赏两个层面揭示了"含蓄"美的特征和功能。到了唐代,探讨"含蓄"美成为诗学发展的一种时尚,如皎然在《诗式》中提出的"但见情性,不睹文字",白居易在《文苑诗格》中提出的"为诗宜精搜,不得语剩而智穷,须令语尽而意远",桂林淳大师在《诗评》中提出的"夫缘情蓄意,诗之要旨也。高不言高,意中含其高,远不言远,意中含其远,闲不言闲,意中含其闲,静不言静,意中含其静"等精辟论述,都深入而准确地描述了诗歌"含蓄"的基本特征。

特别值得重视的则是司空图在《诗品》中的描述。他把"含蓄"作为"二十四诗品"中的一品:"不着一字,尽得风流;语不涉难,已不堪忧。是有真宰,与之沉浮;如渌满酒,花时返秋。悠悠空尘,忽忽海沤;浅深聚散,万取一收。"关于"不着一字,尽得风流"有多种不同的理解。我认为周振甫先生的理解是符合原意的,他说:"既要写文,怎么能不着一字呢?这大概指言外之意不说,所以不着一字。虽不说,已含蓄在所说的话内,所以尽得风流。"(《文论漫笔》)"语不涉难,已不堪忧",是讲还没有去述说那痛苦,可已使人忧伤不已,即忧不言忧,意中含其忧的意思。以上四句,把"含蓄"的内涵讲得很透彻。对"是有真宰,与之沉浮;如渌满酒,花时返秋"这四句,郭绍虞先生解释说:"有此真正主宰,主乎其内,自然表现于文辞者,也就与之或沉或浮而若现若不现了。""如渌酒然,渌满酒则渗漉不尽,有渟蓄态。如花开然,花以暖而开,若还到秋气,则将开复闭,有留住状。"(《诗品集解》)以上四句把"含蓄"的特征描绘得很具体。最后四句是说那空中的微尘和海中的水泡,就如同生活本身一样,或深或浅,或聚或散,收入其"一",即可反映其"万",即以少总多、以有限概括无限之意。这最后四句揭示了"含蓄"的生成机制。这样,司空图就把中国诗学反复强调的含蓄美,从它的内涵、特征和生成机制等不同的方面作了描述和概括。在司空图之后像梅圣俞的"含不尽之意,见于言外"的说法,苏轼的以"一点红"表现"无边春"的说法,王士祯的"诗如神龙,见其首不见尾"的说法等,都未超出司空图的概括,但对"含蓄"美的重视却始终不减,成为中国诗学的一大传统。

含蓄作为艺术美的一种形态,是诗人创作的共同追求。诗人面对的是社会生活和心中涌动的感情,而生活和感情是无限丰富多彩的,诗人不可能把包罗万象的生活全部描绘出来,也不可能把流动多变的感情全部直说出来。诗人创造的意境不论多么完整,与生活、感情相比,总是一个有限的局部、断片、角落、枝叶。从丰富性这一点而言,诗永远无法与生活竞赛。这样诗人为征服生活所采取的"策略",必然是以个别概括一般,以有限表现无限,即"以少总多","万取一收",企望在"言外"建立起一个无限丰富的艺术世界。例如王昌龄的《长信秋词》"奉帚平明金殿开,暂将团扇共徘徊。玉颜不及寒鸦色,犹带昭阳日影来",历来被看成是具有含蓄美的典范作品。这是一首描写失宠宫妃痛苦生活的作品。失宠宫妃的痛苦有多么深广,诗人未置一词,而是通过描写宫妃的一个动作——在寒秋的清晨仍摇晃着一把合欢团扇,一种隐蔽的心理——感到自己美丽的容颜还不及带着昭阳的日影的寒鸦,就让读者从字里行间感受到了失宠宫妃那无限的幽怨之情和深广的痛苦生活。所写的很少很少,可让人感受到的很多很多,这就是所谓以少少许胜多多许,这就是含蓄。由此不难看出,诗歌含蓄之可贵,在于它抓住了极富包孕性的那一点、那一顷刻。

那么,怎样才能抓住生活中富于包孕性的那一点、那一顷刻呢?在这里最重要的是诗人通过对情与景的渲染,造成一种带有背景的情势,使人能从诗人所提供的有限的、却是具有动态情势的情景中,联想到无限丰富、无比动人的世界。诗人应充分地相信读者,相信读者的主观能动性,相信读者即使面对事物的缺席或隐匿的部分,也会使它成为一个极富刺激力的积极的、肯定的部分。经验告诉我们,我们常常会强烈地感到本来是"在"而此刻"不在"的东西。例如一个老战士来到几十年前曾发生过激烈战斗的战场,尽管他望着的不过是一个静静的空空荡荡的山峡和峰峦,望着"不在"(昔日的战斗),可体验到的却是"不在"的"在",过去的战斗情景历历在目,而且带有一种说不尽的意味。这个老战士望昔日战场的情景,就是极富包孕性的一刻,它造成了一种似乎是一触即发的情势,让人无法控制住自己的情感和想象。古诗《步出城东门》"步出城东门,遥望江南路。前日风雪中,故人从此去……"历来被人称道。这里所写的不过是一条故人走过的空空荡荡的路,写的是"不在",可由于这条路的另一头连着日思梦想的故乡,这条空空荡荡的路就由"不在"转化为"在":母亲脸上的皱纹,父亲阴沉沉的神态,那乡间小路,那袅袅炊烟,那晨雾中的田野,那暮色中的山峦,那儿时的伙伴,那亲手栽种的小树,一切的一切,都涌上心头。诗中的"路"作为一种静态的形式与人的永不停息的生命过程达成了契合。

还值得指出的是,含蓄美是诗人成熟的标志。学习写作的过程往往是这样的:开始写得少,但这不是含蓄,而是能力不够所产生的简单;继而能力提高,却又贪多求全,结果是面面俱到,一览无余;只有在技艺日臻成熟之际,才能趋向简约,达到含蓄的境地。郑板桥说过:"始余画竹,能少而不能多,既而能多矣,又不能少;此层功力,最为难也。近六十外,始知减枝减叶之法。"(《郑板桥集》)所谓"减枝减叶之法"就是含蓄之法。这是一个艺术家以他切身的体会来说明含蓄美是艺术的高格和极致,对一个艺术家来说,可能要花毕生的精力才能够追求到它。

含蓄美产生的心理机制就是格式塔心理学派所讲的"简化"和"简化性"。格式塔心理学家经过无数的实验证明,人作为有机体,其内部有一种能动地自我调节的倾向,即有机体总是最大限度地追求内在的平衡。当人们面对着刺激物时,由于刺激物的非平衡结构破坏了人的内在平衡感,就会激起一种改造刺激物,使之达到与内在平衡相对应的平衡。这种自我调节活动所遵循的就是简化原则。所谓简化原则,用现代美国著名美学家鲁道夫·阿恩海姆的话来说,就是"依照视知觉的基本规律,在特定条件所允许的范围内,视知觉倾向于把任何刺激式样以一种尽可能简单的结构组织起来"[1]。最明显的例证是儿童画。儿童在画人体时,总是把人的形体简化。譬如人们会发现,儿童所画的人体中,胸腹被省略掉了,而头被简化为一个圆形,四肢则被简化为线,眼睛被简化为小圆圈,而鼻子则往往被忽略掉了。格式塔心理学家认为,儿童画中的这种简化,不能完全归结为儿童的智力和绘画能力不发达,主要应归之于儿童知觉中占优势的简化倾向。因为实验证明这种简化倾向在智力和能力都很发达的成人中也同样是存在的。例如明明是互不相干、中间带有缺口的三条线,如△,我们在知觉它们时,就会嫌它们太复杂,而把它们简化为一个三角形。这种改造刺激物的力量来自内部的需要,有的心理学家称之为"完形压强"。在包括诗在内的艺术创造中,简化倾向自觉不自觉地被诗人、艺术家所利用。当然,在诗人、艺术家这里,所达到的不是像儿童画所达到的"简单"、"简陋",而是另一种"简化"。阿恩海姆说:"'简化'在艺术领域里往往具有某种与'简单'相对立的另一种意思,它往往被看作是艺术品的一个极为重要的特征……那些风格上比较成熟的艺术……即便它们表面上看上去很'简单',其实却

---

[1] 鲁道夫·阿恩海姆:《艺术与视知觉》,中国社会科学出版社,1984年版,第64~73页。

是很复杂的。"所以,"当某件艺术品被誉为具有简化性时,人们总是指这件作品把丰富的意义和多样化的形式组织在一个统一结构中"。① 阿恩海姆所津津乐道的这种"简化性",其实就是中国诗学反复讲过的"含蓄"美。这样说来,一个诗人只要是把他的天性或内在需要发挥到极致,最终他的作品都要归于含蓄美或"简化性"。

含蓄作为一种美的形态,又是读者鉴赏再创造的需要,其心理机制就是读者对诗作中空白的填充与投射。中国诗学之所以强调"文外之重旨"(刘勰),强调"语尽意未穷"(白居易),强调"景外之景"、"象外之象"(司空图)、"言有尽而意无穷"(苏轼),强调"句子有余味,篇中有余意"(姜夔),强调"语忌直,言忌浅,脉忌露,味忌短,音韵忌散缓,亦忌迫促"(严羽),强调"用意十分,下语三分"(魏庆之),强调"欲露还藏"(陆时雍),强调"寄言"(沈祥龙),其根本原因之一是相信读者的再创造的能力,相信读者在再创造的审美投射中,能充分地把握住诗歌字面以外的重旨、意味和景象,而且相信读者对诗歌文本的"思而得之",会获得再创造的愉悦。

现代心理学已证实,人们在观看一个事物时,并不是毫无主见地单纯客观地观看。在观看的同时,强烈的个人的需要使他产生一种期待,期待看到与他的需要相吻合的东西,而记忆痕迹在此时就会对观看产生强烈的影响。有的学者举例说,一个在街头焦急地等待他的女朋友的小伙子,一眼便能从对面来的成百的女性中认出自己所

---

① 鲁道夫·阿恩海姆:《艺术与视知觉》,中国社会科学出版社,1984年版,第64~73页。

要等待的女朋友,而且等待的时间越长久,女朋友在他记忆中的痕迹就越活跃和清晰。这个小伙子一眼就从成百个女性中认出自己的女朋友,就是他的心理投射机制作用的结果。"投射"机制作为现代心理学的一个重要观念,是指主体将自己的平日的记忆、知识、期待所形成的心理定向,化为一种主观图式,外射到特定的客体上,使客体符合主观图式的心理机能。早在本世纪初,美国机能心理学的创始人威廉·詹姆斯在他的《与教师的谈话》中就曾描述过:"当我们听一个人说话或自己读一页书时,我们想看到的东西大部分是由记忆所提供的,虽然我们看到印刷上的错误,但却会忽略它,想象正确的字母;如果我们实际上听懂的台词很少时,会意识到来到了外国的剧场,在那里使我们感到麻烦的甚至并非我们不懂他的话因而不能理解演员的台词。事实上,在国内同样的条件下,我们能听懂很多,只是因为我们充满英语词句联想的大脑为理解微弱的听觉暗示提供了必要的材料。"[①]在这段话中,已暗含了"投射"的基本原理,虽然作者没有用"投射"这个词。后来英国著名心理学家冈布里奇在《艺术与幻觉》一书中,把"投射"原理与艺术创作、鉴赏结合起来研究,着重阐明了投射机制发生的过程,提示出了很有意思的所谓的"等等原则"。"所谓'等等原则'(etc. principle),也就是我们愿意采用一种假设:看到一系列中的几个成员,就看到了全体成员。"[②]冈布里奇根据投射原理提出的"等等原则",其实就是中国诗学中早就提出的"含蓄"、

[①] 转引自冈布里奇:《艺术与幻觉》,湖南人民出版社,1987年版,第191页。
[②] 同上书,第202页。

"蕴藉"、"空灵",等等。

明显不过的是,从欣赏的角度看,"含蓄"之所以能成为美,就在于读者的心理投射机制的充分发挥。在读者的"投射"机制充分发挥作用的条件下,尽管诗里提供的是"半",但"半"可以多于"全";提供的是"虚",但可以"虚实相生";提供的是有尽之言,但获得的是"无穷之意"。概而言之,正是读者投射机制的作用,填充了诗里的"空白",使诗获得"不着一字,尽得风流"的品格。中国古人比西方人更早就明白"投射"的原理。据传是王维作的《山水篇》中写道:"凡画山水,意在笔先。丈山尺树,寸马分人。远人无目,远树无枝。远山无石,隐隐如眉;远水无波,高与云齐。"所谓"远人无目,远树无枝","远山无石","远水无波",并非讲远处的人没有眼睛,远处的树没有枝条,远处的山没有石头,远处的水没有波浪,而是因为在人的视觉经验中,远处的东西处于模糊不清的、甚至是空白的状态,画家不必把细节画出来,观众自己可以根据自己的经验把所形成的图式投射上去。中国诗学力主"含蓄",忌实,忌露,忌满,忌直,认为"善言情者,吞吐深浅,欲露还藏,便觉此中无限。善道景者,绝去形容,略加点缀,即真相显然,生韵亦流动矣"(陆时雍《诗镜总论》),其旨义在于对读者怀有信赖感,相信读者的经验、悟性、理解力和想象力等所构成的主观心理图式,必能以其强大的投射机制,将"欲露还藏"之情,"略加点缀"之景,在自己心中组合成说不尽道不完的情景交融的艺术境界。从这个意义上说,更少就是更多,这就是含蓄美。

(原载《文史知识》1992年第4期)

情感的二度审美转换
——"情景交融"说浅释

"情景交融"说是中国诗学中具有鲜明民族传统的一种理论。如果从美学意义上溯源,可以追寻到《诗经》的创作实践中以及随后的"感物"、"言志"的创作观念的提出。然而"情景"关系作为一对诗学范畴的建立,则是六朝以后的事。刘勰在《文心雕龙》中提出的"睹物兴情"、"情以物兴"、"物以情观"、"思理为妙,神与物游"以及"目既往还,心亦吐纳"等观念,可以说是"情景交融"说的初坯。唐宋以后,诗歌创作中作为一对范畴的情景关系被正式提出来。南宋范晞文在《对床夜语》中分析杜诗的过程时明确指出,在最优秀的诗句中总是"情景交融而莫分也",创作则是"景无情不发,情无景不分"。元代方回在《瀛奎律髓》中也强调情景结合,认为杜诗佳句常常是"景在情中,情在景中"。但"情景交融"说的真正成熟则在明、清两代。明代的王廷相、谢榛,清代的王夫之、李渔、刘熙载、王国维等人沿着前人的思路，而又有所创新，完成了"情景交融"说的理论概括。

那么，"情景交融"说在中国诗学的构架中处于什么地位呢？我的看法是这样的：诗的基本单位是"意象"。自刘勰提出"窥意象而运斤"之后，"意象"逐渐被诗学家所重视，并把它当成诗的原质。唐代司空图写道："意象欲出，造化已奇。"（《二十四诗品》）明代王廷相说："诗贵意象透莹，不喜事实粘著，古谓水中之月，镜中之影，难以实求是也。"（《与郭价夫学士论诗书》）然而这种透莹的意象是由什么构成的呢？是由情与景这两个元素构成的。情与景相契合而生意象。景中含情或情中寓景，诗的意象就会自然呈现出来。如果情与景的关系处理得特别好，达到水乳交融的水平，那么诗的意象就构成并升华为意境，而意境乃是诗的极致。由此可见"情景交融"说在中国诗学的构架中占住了中心地位，情与景的关系处理得如何，关系到作为诗的基本单位的意象的营构和作为诗的极致的意境的创造的问题。这就不难理解，明清两代诗学家们为什么花那么大的力气来探讨诗歌创作中的情景关系了。

从现代审美心理学来看，诗歌创作中情景关系的处理，所要解决的是如何把自然情感转换为诗的情感的问题。

诗歌是抒情的，但并非自然的感情就是诗。古代的诗学纲领是"诗言志"，但一般的"志"也不等于诗。对此王夫之有很深刻的见解。他认为不能把"意"与诗混为一谈。他说："诗之深远广大，与夫舍旧趋新也，俱不在意。唐人以意为古诗，宋人以意为律诗绝句，而诗遂亡。如以意，则直须赞《易》陈《书》，无待诗也。"（《明诗评选》卷八高启《凉州词》评语）王夫之为什么说"诗之深远广大，与夫舍旧趋新也，俱不在意"呢？难道"意"不重要吗？原来王夫之认为《易》、《书》中那种理智的情感，虽然也是"意"，但这种"意"与审美无关，当然也就与诗无缘。王夫之为了强调诗之"意"的独特性，他说："'诗言志,歌永言。'非志即为诗，言即为歌也。或可以兴，或不可以兴，其枢机在此。"（《唐诗评选》卷一孟浩然《鹦鹉洲送王九之江左》评语）在评另一首诗时还说："亦但此耳，乃生色动人，虽浅者不敢目之以浮华。故知以意为主之说，真腐儒也。诗言志，岂志即诗乎？"（《古诗评选》卷四郭璞《游仙诗》评语）在这两则评语中，王夫之强调人们心中之"志"，作为一种自然的感情，还未经过审美化的处理，因此这种"志"还不是诗。可是王夫之在《姜斋诗话》中讲过："无论诗歌与长行文学，俱以意为主。"表面上看王夫之对"以意为主"，一会儿否定，一会儿又肯定，这岂不自相矛盾？其实不然，王夫之所否定的"以意为主"中的"意"，是指理智的、自然的情感，是未经审美化的，所以这种"意"与诗永不相当；而他所肯定的"以意为主"中的"意"，则是"可以兴"的"意","生色动人"的"意"，即是经过审美过滤的"意"，这种"意"是属于诗的。现代审美心理学证明了王夫之的说法是合乎规律的。的确，艺术所需要的不是自然的、征兆性的情感，儿童为一件小事而嚎啕大哭，热恋者把情人从危难中营救出来而欣喜欲狂，都可以释放出极大的能量，但这不是诗意的情感。"发泄情感的规律是自身的规律而不是艺术的规律。"（苏珊·朗格《哲学新解》）

那么，"意"，即情感，怎样才能是诗的呢？或者说"意"要经过怎样的审美过滤才能变成诗的呢？中国诗学的回答是这要经过两度审美转换。

首先自然之情要经过"精思"、"凝思"、"沉思",才可能变成沁人心脾的、深刻有致的诗情。王昌龄说:"凡属文之人,常须作意,凝心天海之内,用思元气之前,巧运言词,精炼意魄。"(见《文镜秘府论》)这里所说的"凝心"、"用思",也就是杜牧诗句"多为裁诗步竹轩,有时凝思过朝昏"中的"凝思",也就是对自己曾经体验过的情感要进行反复观照。

清人周济说得更明白:"学词先以用心为主,遇一事,见一物,即能沉思独往,冥然终日,出手自然不平。"(《介存斋论词杂著》)这也就是说,感情冲动之时,尽管有"意",并不宜作诗,因为这种"意"不是诗意,必须让这种情感"冷却"下来,在"凝心"、"用思"、"凝思"、"沉思"中反观自己经验过的情感,使情感净化、升华,这样才能化自然情感为"第二度情感"——诗意情感。英国19世纪诗人华兹华斯一方面指出"诗是强烈情感的自然流露",可另一方面又强调诗"起源于在平静中回忆起来的情感。诗人沉思这种直到一种反应使平静逐渐流逝,就有一种与诗人所沉思的情感相似的情感逐渐发生,确实存在于诗人的心中。一篇成功的诗作都从这种情形开始"①。这就是说,现时的征兆情感不宜于诗,只有在"痛定思痛"时才会产生诗情。凝心、沉思如同一条奔腾大河中的平静的深潭,它们让情感在这舒缓的漾洄中得到净化,然后再带着诗意的清流奔泻而出。

其次情感必须经过对象化,才能变成可以把握的诗情。这是情

---

① 华兹华斯:《〈抒情歌谣集〉序言》,《十九世纪英国诗人论诗》,人民文学出版社,1984年版,第22页。

感的第二度转换。所谓情感的对象化也就是使情与景结合的过程。

未经对象化的"情",只是存留在诗人心中的一种冲动,因其未经"景"的呈现而无法让人把握,这就是所谓"情无景不生"。不少诗论家认识到,在情与景这两个元素中,情是起主导作用的,李渔明确指出"情为主,景是客"(《窥词管见》),但"情"若离开"景",也就无所附丽,所以"深于情者,正在善于写景"(田词之)。王夫之指出:"不能作景语,又何能作情语耶? 古人绝唱多景语,如'高台多悲风','胡蝶飞南国','池塘生春草','亭皋木叶下','芙蓉露下落',皆是也,而情寓其中矣。以写景之心理言情,则身心独喻之微,轻安拈出。"(《姜斋诗话》)王夫之这段论述是非常精辟的:第一,他提出了诗中"景语"与"情语"的区别,并指出古今绝唱多"景语";第二,他认为只有"以写景之心理言情",诗人的独特的、细微的感受才能够艺术地表达出来。实际上,孤立或直露的"情"是没有韵味的,因而也无法动人。王廷相就说过:"情直致而难动物。"(《与郭价夫学士论诗书》)蒋兆兰也说:"若舍景言情,正恐粗浅直白,了无蕴藉,索然意尽耳。"(《词说》)刘熙载则举例说:"'昔我往矣,杨柳依依。今我来思,雨雪霏霏。'雅人深致,正在借景言情。若舍景不言,不过曰春往冬来耳,有何意味?"(《艺概·诗概》)叶燮在对比诗与画的不同后说:"画者形也,形依情则深;诗者情也,情附形则显。"(《赤霞楼诗集序》)在这些论述的基础上,王国维总结说:"昔人论诗词,有景语、情语之别。不知一切景语,皆情语也。"以上诸人所述,旨在说明舍景言情难生诗情,写"景"是情感对象化的关键性因素。现代审美心理学已经证明,在艺术和诗歌创作中,情感的表现必须通过可以知觉的对象呈现出来,使情成体,化无形为有形。苏珊·朗格对此作了这样的论述:"艺术品是将情感(指广义的情感,亦即人所能感受到的一切)呈现出来供人观赏,是由情感转化成的可见的或可听的形式。它是运用符号的方式把情感转变成诉诸人的知觉的东西,而不是一种征兆性的东西或是一种推理性的东西。"①艺术形式与我们的感觉、理智和情感生活所具有的动态形式是同构的形式,正如亨利·詹姆斯所说的,"艺术品就是'情感生活'在空间、时间或诗中的投影,因此,艺术品也就是情感的形式或是能够将内在情感系统地呈现出来以供我们认识的形式。"②

　　舍景言情不行,舍情言景更不行。如果写景与言情无关,孤立地去堆砌一些景物,那么这些景物不过是与诗无关的"死景物"。王廷相说:"言征实则寡味也。"(《与郭价夫学士论诗书》)所谓"言征实"是指注重写景而不依情,结果因景中无情而索然寡味。实际上,诗中之景应是情感所化之景,情一变,景也要随之而变。这一点正如清人吴乔所说:"夫诗以情为主,景为宾。景物无自生,性情所化。情哀则景哀,情乐则景乐。唐诗能融景入情,寄情于景。如子美之'近泪无干土,低空有断云',沈下贤之'梨花寒食夜,深闭翠微宫',严维之'柳塘春水漫,花坞夕阳迟',祖咏之'迟日园林好,清明烟火新',景中哀乐之情宛然,唐人胜场也。"(《围炉诗话》)刘熙载也说:"若于自家生意无相入处,则物色只成闲事,志士遑问及乎?"(《艺概·赋概》)概而言之,为写景而写景,不能融情入景,其结果是无诗所需要的景。对诗

―――――――――

① 苏珊·朗格:《艺术问题》,中国社会科学出版社,1983年版,第24页。
② 同上书。

而言,并没有天生自在的纯客观的"景",在真正的诗里,一片自然风景就是一种心情。从一定意义上说,景是诗人的情感返照。情感不同则相应的景物也就不同。舍情描景对诗毫无意义。

以上所述说明了"情以景幽,单情则露;景以情妍,独景则滞"(沈雄《古今词话·词品》)。这样,要实现情感的第二度转换,唯一的选择是通过"情景交融"。因为情景交融既可以景定情,又可以情化景,从而使诗歌所抒发的感情具有豁人耳目和沁人心脾的审美性质。可以这样说,诗歌意象、意境的创造以及诗情的蕴藉动人,都有赖于情景交融。由于古代诗学家对情景关系愈来愈看重,所以对它的探讨也就愈来愈深入,所提出的见解也就愈来愈细致和深刻。古代诗学家主要从以下三个角度探讨了情景结合问题:

从诗的存在方式的角度看,真正的诗就在情景交汇处。明代谢榛说:"夫情景有异同,模写有难易,诗有二要,莫切于斯者。观则同于外,感则应于内。当自用其力,使内外如一,出入此心而无间也。景乃诗之媒,情乃诗之胚,合而为诗。"(《四溟诗话》)这里以"景媒情胚"为诗的"二要",作者认为只有当诗人的外观(景)与内感(情)达到"内外如一",即"景媒情胚"完全交融之际,诗才产生。"诗乃模写情景之具",是外在的"景"与内在的"情"的合一。晚清王国维则进一步指出:"文学中有二原质焉:曰景,曰情。前者以描写自然及人生之事实为主,后者则吾人对此种事实之精神的态度也。故前者客观的,后者主观的也;前者知识的,后者情感的也……文学者,不外知识与情感交代之结果而已。"① 这就是说,诗既不存在于作为"自然及人生之事实"的"景"中,也不存在于作为"对此种事实之精神的态度"的"情"中,而存在于"二原质"相互"交代之结果"中,即在心与物、主体与客体的交汇结合之中。

从诗的创作角度看,诗产生于心物交感、情景融合中。在诗创作中,情与景虽有在物在心之分,但两者不可分割。谢榛说:"作诗本乎情景,孤不自成,两不相背。"(《四溟诗话》)王夫之说:"夫景以情合,情以景生,初不相离,唯意所适。截分两橛,则情不足兴,而景非其景。"(《姜斋诗话》)那么情与景怎样才能做到"两不相背"呢?谢榛说"情景相触而成诗",王夫之则认为情与景二者要"相值相取",刘熙载则说"在外者物色,在我者生意,二者相摩相荡而赋出焉"(《艺概·赋概》)。所谓"相触"、"相值相取"、"相摩相荡",是说诗人在构思中,不可独抒"单情",也不可单描"独景",或机械地按诗句顺序上景下情,而要让情与景在相互接触、碰撞中实现两者的交融统一,做到"景中生情,情中含景","景者情之景,情者景之情"(王夫之),情景完全合一。如"孤帆远影碧空尽,惟见长江天际流"(李白),"露从今夜起,月是故乡明"(杜甫)等句,看起来纯是写景,实际上是诗人"心中目中与相融"(王夫之),所以一出语,即能以情迎景,达到情景交融合一。值得一提的是美国当代美学家苏珊·朗格在具体分析唐代诗人韦应物《赋得暮雨送李曹》一诗后所得出的结论:"诗中的每一件事(指诗中

---

① 王国维:《文学小言》,《王国维文学美学论著集》,北岳文艺出版社,1987年版,第25页。

所描写的'微雨'、'暮钟'、'漠漠'中之'帆'、'冥冥'中之'鸟'等景物——引者）都有双重的性格：既是全然可信的虚的事件的一个细节，又是情感方面的一个因素。在整个诗歌中，没有不具情感价值的东西，也没有无助于形成明确而熟见的人类情境之幻象的东西。"①这是用现代审美心理学语汇对中国的"情景交融"说所作的极好的阐释。

从作品意象构成的角度看，"情景交融"具有多种类型。王夫之说："情景名为二，而实不可离。神于诗者，妙合无垠。巧者则有情中景，景中情。景中情者，如'长安一片月'，自然是孤栖忆远之情；'影静千官里'，自然是喜达行在之情。情中景尤难曲写，如'诗成珠玉在挥毫'，写出才人翰墨淋漓、自心欣赏之景。"（《姜斋诗话》）在这里王夫之将作品意象结构分成两种类型，一类是"景中情"，景语中含情语，一类是"情中景"，情语中含景语，无论哪种类型都达到了情景交融的境界。王夫之在《姜斋诗话》的另一处，又换了一个视角，认为"情景交融"的诗篇中，除用乐景写乐、哀景写哀这一类型外，还有"以乐景写哀，以哀景写乐，一倍增其哀乐"的类型，他认为《诗经》"昔我往矣……"四句就属后一类型。关于"情景交融"的类型、形态和方式，古代诗学还有多种具体划分和解释，限于篇幅，此不赘述。

（原载《文史知识》1991年第5期）

---

① 苏珊·朗格：《情感与形式》，中国社会科学出版社，1986年版，第246页。

诗美常在咸酸之外
——"味外之旨"臆解

以味论诗是中国诗学的一大特色。"味"这个词本是指人的饮食的感觉,后来在使用过程中发生了变化,先是老子在《道德经》中借用"味"来论道,说:"道之出言,淡兮其无味。视之不足见,听之不足闻,用之不可既。"《礼记·乐记》借用"味"来说明音乐的美感。班固的《汉书》中有"诚有味其言也"的说法,这是以"味"论语言之美。西晋陆机的《文赋》又借用《礼记·乐记》的意思,正式用"味"来评论诗文,他批评那些清虚平淡而又缺乏文采的作品"阙大羹之遗味"。其后在刘勰的《文心雕龙》中"味"成为他的文学理论的一个重要观念,如《宗经》篇中说:"至根柢槃深,枝叶峻茂,辞约而旨丰,事近而喻远,是往者虽旧,余味日新。"这是说古代的经典著作由于根柢深厚,虽然是昔日旧著,而其"余味"却也常新。在《隐秀》篇中则说"深文隐蔚,余味曲包",这是说含蓄的诗文深含"余味",可以使"玩之者无穷,味之者不厌矣"。"玩味"、"余味"这些重要的诗学概念的提出,标志着中国诗学中一个具有民族特色的理论开始形成。

但是,对诗而言,是诗"内味"重要,还是诗"外味"重要呢?梁代的钟嵘重视诗"内味",他在《诗品》中提出的著名的"滋味"说,着重批评了永嘉时期那些崇尚黄老、理过其辞的诗"淡乎寡味",他要求诗歌应"词采葱茜,音韵铿锵,使人味之,娓娓不倦"。这里所强调的诗味,是指诗不能一味说理,应饱含情感,也就是要求有诗"内味"。唐代司空图对中国诗学的一大贡献,就是他从前人对诗"内味"的关注,引导到了对诗"外味"的关注。他的《与李生论诗书》有如下一段著名的话:"文之难,而诗之难尤难。古今之喻多矣。而愚以为辨于味,而后可以言诗也。江岭之南,凡足资适口者,若醯(醋),非不酸也,止于酸而已;若鹾(盐),非不咸也,止于咸而已。华之人(指中原地区的人)以充饥而遽辍(指急忙把饭食吃完,来不及品尝滋味)者,知其咸酸之外,醇美者有所乏耳。彼江岭之人,习之而不辨也,宜哉。诗贯六义,则讽谕、抑扬、渟蓄、温雅,皆在其间矣。然直致所得,以格自奇。前辈诸集,亦不专工于此,矧(况且)其下者耶!王右丞、韦苏州澄澹精致,格在其中,岂妨于遒举哉?贾浪仙诚有警句,视其全篇,意思殊馁(空虚),大抵附于蹇涩,方可致才,亦为体之不备也,矧其下者哉!噫!近而不浮,远而不尽,然后可以言韵外之致耳。"又说:"盖绝句之作,本于诣极,此外千变万状,不知所以神而自神也,岂容易哉?今足下之诗,时辈固有难色,倘复以全美为工,即知味外之旨矣。"

司空图的"辨于味而后可以言诗",包含三层意思:首先,认为只有在辨别诗中的"味"的基础上,才可以谈论诗。这里所说的"味",当指意味、风味、趣味、韵味等,与严羽所讲的"兴趣"、王士祯大力提介的"神韵"是一致的。我们要读懂和评论一首诗,不但要知道诗的"文意",而且还必须进一步知道诗的"好处",即它的意味、风味、趣味、韵味。其次,又认为这种诗味又可分为两重,一是诗中所蕴含的意味、风味、趣味、韵味等,司空图本人在《诗品》中把诗分为二十四品,就是在辨别诗中的不同风味基础上所作出的判断。二是诗的味外之味,司空图举醋、盐为喻,醋止于酸,盐止于咸,缺乏咸酸之外的醇美之味,他认为好诗应有咸酸调和之后的"韵外之致"、"味外之旨"。司空图在《与极浦书》中所讲的那种"如蓝田日暖,良玉生烟,可望而不可置于眉睫之前"的"象外之象,景外之景",实际上也就是诗的"韵外之致"、"味外之旨"。有没有这种"韵外之致"、"味外之旨",是一首诗是否达到"诣极"和"全美"的标志。其三,那么怎样才称得上有"韵外之致"、"味外之旨"呢?司空图认为,应该使诗"近而不浮,远而不尽"。诗的意象具体、生动、可感,这就是"近",而于具体、生动、可感的意象中又有深厚的蕴含,这就是"不浮"。诗所抒发的情感含而不露,只可意会,不可言传,这就是"远";而这悠远的内涵十分丰富,每个人都可以有自己的读解,而且愈读解愈有味,这就是"不尽"。司空图关于诗味理论的意义在于,他提出的"味外之旨",即味外味,发现了诗的"关系质"、"格式塔质",教导人们从诗的整体关系去把握诗。这一点我在《美的极致与"格式塔质"》一文中已略约谈到,限于篇幅,此不赘述。

  这里,我想讨论一下诗的"味外之旨"的生成问题。司空图就这个问题提供了思路,但他没有完全解决这个问题。较好地解决这个问题的,我以为是苏轼。苏轼在《书黄子思诗集后》一文中,对司空图的诗味理论推崇备至:"唐末司空图崎岖兵乱之间,而诗文高雅,犹有承平之遗风。其论诗曰:梅止于酸,盐止于咸;饮食不可无盐梅,而其美常在咸酸之外。盖自列其诗之有得于文字之表者二十四韵,恨当时不识其妙。""信乎表圣之言,美在咸酸之外,可以一唱而三叹也。"宋人胡仔的《苕溪渔隐丛话》指出,苏轼此语与司空图的原话不同,"盖东坡润色之,其语遂简而当也"。

然而,苏轼的贡献并不在此。苏轼的贡献在于他进一步提出问题,并作出了新的回答。他在评柳宗元诗时,提出了一个非常重要的"反常合道"的诗学观念,他说:"柳子厚诗:'渔翁夜傍西岩宿,晓汲清湘燃楚竹。烟销日出不见人,欸乃一声山水绿。回看天际下中流,岩上无心云相逐。'诗以奇趣为宗,反常合道为趣。熟味之,此诗有奇趣。然其尾两句,虽不必可。"在这里,苏轼实际上是把司空图的诗味在咸酸之外的命题,引申为"反常合道",或者说用"反常合道"来解释味在"咸酸之外"。应该说,司空图的诗味在"咸酸之外"的说法,本就暗含"反常合道"的意思,就是说,咸与酸是两种完全不同的味,所谓"酸咸异和",即把这两种味调和在一起是"反常"的,但却产生了咸酸之外的醇美之味,而这就是"合道"。然而,苏轼的"反常合道"的提法具有更强的理论概括力,深刻揭示了诗之所以能产生"味外味"的极为重要的原因。

"反常"是指情景的反常、超常组合,如把有与无、虚与实、黑与白、大与小、长与短、悲与欢、苦与甜等相异相反的情景组合在一起,"合道"是指这种反常超常的艺术组合,却出人意料合乎了感知和情感的逻辑,从而产生了一种象外之象、景外之景、味外之味。苏轼所论的柳宗元《渔翁》这首诗,其中"烟销日出不见人,欸乃一声山水绿"两句的确很"反常",照理说"烟销日出"该见人了吧,诗人却说"不见人",这是"反常"的组合,又橹桨的"欸乃一声"与"山水绿"本无必然关系,可诗人偏把这没关系的事物"反常"地组合在一起,细细地体味一番,诗人的这种"反常"的无理的组合,却让人看到了这样一幅真实的图画:清晨,烟消日出,万籁俱寂,江面静谧无声,生机勃勃的山和水似乎仍未醒来。突然,橹桨欸乃一声,一条渔船划破了这出奇的静谧,周围的一切都苏醒了,连山水似乎都变得更绿了。不仅如此,人们还可从这种以动表静的情景里感悟到一种人生的境界,体味到一种味外之味。这就是"合道",合诗之道。

宋代诗人杨万里有一段话形象而准确地阐释了司空图的"味外之旨"与苏轼的"反常合道",他说:"夫诗,何为者也?尚其词而已矣。曰:善诗者去词。然则尚其意而已矣?曰:善诗者去意。然则去词去意,则诗安在乎?曰:去词去意,而诗在矣。然则诗果焉在?曰:尝食夫饴与荼乎?人孰不饴之嗜也,初而甘,卒而酸;至于荼也,人病其苦也,然苦未既,而不胜其甘。诗亦如是而已矣。"(《颐庵诗稿序》)杨万里首先说明了司空图的"味外之旨"存在于何处:词、意是诗的味内之旨所在之处,词、意以外的余味才是"味外之旨"所在之处。其次,杨万里又说明这种"余味"是由"反常合道"造成的。就像那"荼"(一种野菜),因味苦而人们不喜欢它,但仍然有人去吃这种"荼",这岂不是太"反常"了吗?原来"荼"味先苦后甘,所以仍然有人去吃"荼"就是"合道"的了。例如,李益的《江南曲》:"嫁得瞿塘贾,朝朝误妾期。早知潮有信,嫁与弄潮儿。"后两句似不可理解,这位商人的妻子怎么会由想到"潮有信"就想嫁给"弄潮儿"？"潮有信"，而"弄潮儿"未必有信，她是怎么想的呢？逻辑上说不通，就如吃"荼"味苦一样。但仔细一体味，则立刻就明白了，这句话不过是那位久等丈夫不归的商人妇的傻话、痴话，这句不合逻辑的话，只不过为了强调她的苦闷、幽怨的心情而已。贺裳在《皱水轩词筌》中认为李益这首诗与张先的《一丛花令》中"沉恨细思，不如桃杏，犹解嫁东风"等句，皆"无理而妙"。所谓"无理"即"反常"，不合常规；所谓"妙"，即"合道"，所以"无理而妙"也就是"反常合道"。诗的"味外之旨"往往是在"反常合道"中生成的。

从审美心理学的角度看，作为"味外之旨"的生成原理的"反常合道"，与西方现代诗学中的"悖论语言"、"悖论情景"极为相似。"悖论"（paradox）原是古典修辞的一格，指表面上荒谬而实际上真实的陈述。20世纪以来，"悖论"这一观念被引进诗学中。美国当代著名文学批评家克林思·布鲁克斯在1947年所写的《悖论语言》一文中说："科学家的真理要求其语言消除悖论的一切痕迹；很明显，诗人要表达的真理只能用悖论语言。"①按照他的看法，"诗人必须靠比喻生活。但是此喻并不存在于同一平面上，也并非边缘整齐地贴合。各种平面在不断地倾倒，必然会有重叠、差异、矛盾。甚至风格最明显、简朴的诗人也比我们设想的更经常地被迫使用悖论"②。简言之，所谓"悖论情景"就是诗人在诗中把相互矛盾或相差很大的情景组合在

---

① 见《"新批评"文集》，中国社会科学出版社，1988年版，第314页。
② 同上书，第320页。

一起,却出人意料地得到了某种平衡、和谐,并生发出说不尽道不完的意味。"悖论情景"实际上是辩证法在诗歌创作中的运用,这一思路可以追溯到古希腊时代的哲学家赫拉克利特那里,他认为:"互相排斥的东西结合在一起,不同的音调造成最美的和谐;一切都是斗争所产生的。""自然是由联合对立物造成最初的和谐,而不是联合同类的东西。艺术也是这样造成和谐的。"西方现代文艺批评家似乎是从这里得到了启发,而对"悖论"发生了兴趣,并用它来说明诗歌语言与情景的特征。

司空图的诗美在"咸酸之外"的提法和苏轼的"反常合道"的论点,其实质也是强调诗中对立面的统一,强调相反相成,强调诗中相异或相反情景的艺术的组合,这样,不仅可以产生平衡感,而且可以产生无穷的"味外之旨",因此西方的"悖论情景"论简直可以看作是司空图、苏轼观点的一种阐释和发挥。

那么"反常合道"或"悖论情景"如何会产生"咸酸之外"的"醇美"之味呢?其中的心理机制又是怎样的呢?我认为是诗人的"奇异感"或"惊诧感"在起作用。19世纪初期英国浪漫主义诗人华滋华斯在《抒情歌谣集》的第二版序言中认为:他自己通常是"从普通的生活中选取事件和场景",但是他的处理方式是使"普通事物,以其非常状态呈现于头脑中"。生活事件和场景的普通,和由于以"奇异"的、"惊诧"的眼光去观照而导致处理方式的反常、超常是矛盾的,这就是"悖论"。华滋华斯的朋友柯尔律治更明确地揭示了这一点:诗人的目的是给日常事物以新奇的魅力,是激起一种类似超自然的感觉,其方法是把我们的思想注意力从习惯的嗜眠症中唤醒,引导我们注意眼前世界的美。世界本来是一个取之不尽、用之不竭的财富,可是由于太熟悉和自私牵挂的翳蔽,我们视若无睹、听若罔闻,虽有心灵,却对它既不感觉也不理解。① 在这种情况下,诗人就必须运用自己的奇异感或惊诧感去凝视这普通的世界,以写出平常事物实际上不平常,散文化事物实际上充满诗情画意。正是诗人的奇异、惊诧的审美知觉和想象,才赋予枯燥无味的生活以醇厚之味。"江流天地外,山色有无中"(王维),江流怎么会流到天地之外去?山色如何会在"有无"中?这似乎违反了起码的常识,是"反常"的"悖论情景"。可仔细一体味,人们就会发现诗人用一种独特的惊奇感去观照江流浩渺、山色朦胧的常见场景,使平常之景显得不平常,道出了一种人人心中所有而笔下所无的感受,让人玩味不尽。这样虽"反常",却"合道";虽是"悖论",却达到了"和谐"。

当然,并非所有的"反常"、"悖论"都能获得悠远无限的"味外之旨"。如"可怜身上衣正单,心忧炭贱愿天寒"(白居易)也是一种"反常"组合,也是一种"悖论语言",但由于诗人太偏重于说理,太直露,而只能给人以诗"内味",而较少诗"外味"。"夕阳无限好,只是近黄昏"(李商隐)也是一种"反常"组合,一种"悖论情景"。本来,夕阳西下是一种极普通的景致,人们对它已是熟视无睹了,但诗人却以其独特的心胸,向这夕阳投去新奇的一瞥,并制造了一种"无限好"的赞美与"近黄昏"的悲叹的"反常"的"悖论语言",这就形成了"近而不浮,

---

① 参见柯尔律治《文学生涯》,《十九世纪英国诗人论诗》,人民文学出版社,1984年版,第63页。

远而不尽"的象征,而"味外之旨"就在这象征之中了。看来能不能获得"咸酸之外"的"醇美"之味,又与诗人在运用"反常合道"、"悖论情景"的过程中,能不能形成具有双层意蕴的象征有密切的关系,单层面的写景或说理,是不可能获得诗所需要的"反常合道"和"悖论情景"的。

(原载《文史知识》1991年第6期)

简论儒家的文学观念与亚观念

提要：儒家文学思想已经讨论得很多,而且都一致认为以伦理道德为本位就是儒家的文学观念。"诗言志"和"文以载道"就是儒家文学观念的主要说法。这种看法是片面的。真实的情况应该是,儒家文学观念有两面,即强调文学的道德性的同时,也以其独特的方式追求艺术性,这样才使以儒家思想为主导的中国古代社会产生了许多思想性与艺术性兼优的作品。

儒家是一个历史的发展的概念。各代有各代的儒家。有原创性的先秦儒家,有带有浓厚政治色彩的汉代儒家,有融化了禅佛思想的宋代儒家,有集大成的清代儒家,还有民国后在西方文化冲击下形成的"新儒家"。各代儒家思想都有变化和发展。但因为都是儒家,因此又有共同的基本的思想。在儒家文学思想上也是这样。

儒家以道德为本位的诗学观念

我们认为能体现儒家文学观念的是先秦儒家经典《论语·为政》中孔子的一句话：

> 子曰：《诗》三百，一言以蔽之，曰：思无邪。

孔子对《诗经》的这个著名的评价，表面看是不通的，因为《诗经》305篇，就其思想内容来说，可以说是无所不包的，如其中有记载周朝历史的史诗（包括《生民》、《公刘》、《绵》、《皇矣》、《大明》5篇）；有歌功颂德的颂歌，或颂帝王、扬君威，或歌天命、夸战功，或颂宴饮、赞佳宾；有辛辣尖锐的怨刺诗，与上述的颂歌颂德相反，这些歌谣无情地揭露了社会的黑暗和政治的腐败，对统治者的骄奢淫逸、剥削压迫人民的丑行表示了愤恨；有情真意切的婚恋诗，或是男悦女之词，或是女惑男之语，或是抒发爱情的幸福，或是描写婚恋的悲剧；此外还有农事诗、征役诗、爱国诗，等等，这么丰富的思想内容怎么能用"思无邪"这三个字来概括呢？孔子是不是说错了？实际上孔子并没有说错，他是想用"思无邪"这三个字来表达他的诗学观念。所谓"思无邪"就是"思想纯正"，在孔子看来，《诗》三百，不论写什么，都达到了思想纯正的标准，能够成为人们的伦理道德修养的范本，这才是真正的文学。

《诗经》第一篇《关雎》：

关关雎鸠,在河之洲,窈窕淑女,君子好逑。

著名教授李长之把这段诗正确地很有情趣地翻译成:"关关叫着的大水鹰,河里小洲来停留,苗条善良小姑娘,正是人家好配偶。"很明显,这是一首婚恋歌,拿现在的小青年的话来说,就是姑娘好漂亮,狠命地追吧!可后来有的儒生说这首歌谣是写"后妃之德",这可能是想到孔子重视人伦道德,而有意去迎合孔子的意见。而诗的实际情况并非如此。孔子为什么在整理《诗》三百时,要把那么多的抒发男欢女爱的情歌收集进去呢?这并非要影射什么,在他看来,男女之爱也是人伦道德的重要组成部分,男欢女爱也是人的生活之所必需,所谓"食色,性也",诗歌去描写这种情爱婚恋也是自然的。问题在于这种描写要"无邪",要符合思想纯正的规范,要"发乎情,止乎礼义"。可见孔子用高度概括的"思无邪"这句话来评定思想内容那么丰富的《诗经》,不仅仅是对个别作品的要求,而且是对诗的整体的要求,反映了他的以伦理道德为本位的诗学观。

孔子这种以道德为本位的诗学观,在对待不同音乐的态度问题上也表现出来了。孔子对《韶》乐特别欣赏,认为《韶》乐"尽美矣,又尽善也。"(《八佾》),他讨厌"郑声",他认为"郑声淫",要"放郑声"。为什么孔子对"韶乐"与"郑声"采取完全不同的态度呢?相传"韶乐"是古代歌颂虞的一种乐舞,是"雅乐",是"正乐",是合乎"礼"的,而"郑声"是"淫"声,孔子"恶性郑声之乱雅乐也"。在孔子那里,"韶"与"郑"不相容,其关键是"韶乐"合乎"礼",而"郑声"违背了"礼"。礼是什么？就是家与国的秩序，在家里，父子、夫妻、兄弟要长幼有序、尊卑有位，在庙堂，君臣有义，贵贱有别，这就是"礼"，也就是最高的人伦道德。诗和音乐是什么？也就是这种人伦道德（理性）的感性的显现。

以孔子为代表的儒家以道德为本位的诗学观，是其哲学思想的必然的延伸。儒家学说是社会组织的哲学，也可以说是现实生活的哲学，它强调人在社会生活中的责任和义务。在儒家的经典中，虽然也有"天"和"道"的观念，但不像道家的"道"那样具有形而上的性质，更不像西方的"上帝"、"理念"那样具有彼岸的性质，合乎人伦道德的也就是合乎"天道"，因此我们甚至可以说人伦道德和"天道"是二而一的东西。孔子的社会组织哲学思想对君对民都有要求，而对君的要求更为严格。这种哲学是建立在他反"苛政"、主"仁者爱人"的思想基础上的。他主张在不违背统治阶级根本利益的前提下，适当减轻对人民的剥削和压迫。即"节用而爱人，使民以时"，反对"猛于虎"的"苛政"。这种思想反映到诗歌问题上，就是认为可以通过诗歌来表现下层人民的生活状况，揭发政治上的弊端，以引起上层统治者的注意，肯定了诗可以"怨"。这种思想发展到孟子时，逐渐形成了系统的"民为贵，社稷次之，君为轻"的民本思想。儒家的诗学观和民本思想有着密切的联系。孔子为什么在"为政"篇提出"《诗》三百，一言以蔽之，曰：'思无邪'"的论点，还主张"兴于诗，立于礼，成于乐"，其目的是很清楚的，那就是首先要用《诗》的纯正无邪的思想来规范统治者。统治者自身思想纯正，合乎"礼"（即人伦）的规范，才能要求被统治者遵守作为人伦道德规范的"礼"，这样社会就得到良好的组织和治理,家和国都秩序井然,安宁稳定。而诗歌活动作为"无邪"的思想体系就成为社会组织和治理中的重要因素。

儒家的文化是社会化的。与道家相比,特别与西方的文化相比,由于儒家基本上"不理"鬼神(孔子说:"敬鬼神而远之"),"天道"与现实的人伦道德也没有截然的划分,所以儒家的文化基本上没有本体界与现象界之分,没有天国与人间之分,没有"道"的抽象与现实的具象之分。换言之,中国没有"上帝之城"(City of God),也没有普遍性的教会(Universal Church)。六朝隋唐时代佛道两教的寺庙与西方中古教会的权威和功能是很不相同的。中国儒家相信"道之大原出于天"。这是价值的源头。"道"完全可以支持"人伦日用",前者赋予后者以意义。禅宗也是这样说的。未悟道之前是砍柴担水,悟道后仍然是砍柴担水。所不同者,悟后的砍柴担水才有意义,才显价值,那么我们怎样才能进入这个超越的价值世界呢?这就是孟子说的"尽其心者知其性,知其性则知天"。这是走向人的内在超越的路,和西方人走外在超越的路恰成鲜明的对照。孔子的"为仁由己"已经指出了这种内在超越的方向,后来孟子特别提出"仁义礼智,非由外铄我也,我固有之也",就更为具体和明确。[①] 儒家的这种文化形态,决定儒家的诗学观只能是工具型的道德化的和社会化的,这也就是说,儒家需要诗歌,就个人而言,是为了修身养性,增长知识和锻炼才干;就社会而言,是为了"补察时政"、"泄道人情"(白居易:《与元九书》)。

---

① 参见余英时《从价值系统看中国文化的现代意义》、《中国思想的现代诠释》,江苏人民出版社,1989年版。

儒家认识到,"夫声乐之入人也深,其化人也速。故先王谨为之文。乐中平则民和而不乱,乐肃庄则民齐而不乱。"(荀子:《乐论》)因此主张"言志",寻求一种能够深入人心的劝善惩恶的教化工具,其最终目的则是为治理和组织社会。儒家的诗学公式是:"诗学—人心—治理",这就是说,"言志"的诗歌可以塑造人的善良的心灵,而善良的心灵可以纯洁社会的风俗习惯。

儒家的诗学思想虽历代有所变化,但基本观念是一致的。如风、雅、颂、赋、比、兴的"诗之六义","诗言志"的诗学纲领,"美"、"怨"、"讽"、"刺"等艺术手段作为儒家诗学观念的具体化,这些是历代儒家都坚持的。唐代白居易的《与元九书》中,就强调"文章合为时而著,歌诗合为事而作"。他认为,诗歌不过是奏折和谏书的补充。不能单纯地"嘲风雪,弄花草",就是描写风雪、花草,也要符合"诗之六义",也要"言志"和合"道",也要符合"礼"和"道"的规范。他说:

> 风雪花草之物,《三百篇》中岂舍之乎?顾所用何如耳。设如"北风其凉",假风以刺威虐也;"雨雪霏霏",因雪以悯征役也;"棠棣之华",感华以讽兄弟也;"采采芣苢",美草以乐有子也。皆兴发于此而义归于彼。反是者,可乎哉!然则"余霞散成绮,澄江净如练","离花先委露,别叶乍辞风"之什,丽则丽矣,吾不知其所讽焉。故仆所谓嘲风雪、弄花草而已。于时六义尽去矣。

白居易的这些话,典型地反映了儒家的诗学观念,清楚地说明"为诗而诗"的观念在儒家的诗学思想中是没有地位的。儒家的文化是积极入世的,其文学观念也就强调诗学与社会、政治的联系。换言之,儒家比较重视诗歌的外部规律把握。

儒家的人格理想与诗性的追求

上面我们说明了儒家文学思想与社会政治联系的一面。但我们不应把这一面过分夸大。有的论者过分夸大这一面,最后把儒家的文学思想仅仅限于"政治教化"这一点上,说儒家仅是把文学用作施行"文治"的工具。如是这样,就必然会产生这样一个问题:在中国长期的封建社会中,作为意识形态的儒家思想一直作为正统思想占据统治地位,文学思想自然也是以儒家为主,许多大作家大诗人的思想也以儒家为主,那他们怎么还能创造出无比灿烂辉煌的中国文学艺术呢?换言之,在封建的、僵化的文学思想的钳制下,如何会产生出优秀的、美丽的、动人的文学作品呢?

实际上在儒家文学思想中还有另外的一面。这个问题很复杂,如果要展开来分析的话,那么包括儒家的以"仁"为核心的思想中也可以延伸出具有诗意的一面,儒家的人格理想也可以转化为文学价值取向,此外还有历代文论家谈论不休的作为文学思维和文学手段的"赋、比、兴"等。这里只提出先秦时期儒家的"文质彬彬"、"辞达而已"和"尽善尽美"、"美善相乐"来简略讨论一下。

"文质彬彬"的说法见于《论语·雍也》篇:

> 质胜文则野,文胜质则史。文质彬彬,然后君子。

很显然,"文质彬彬"不是论文的,是孔子对"君子"的要求,既要质朴,又要文雅,两者应兼备。孔子的思想核心是"仁"与"礼",所谓"克己复礼为仁"。对一个"君子"来说,"仁"是他的"质","礼"是他的"文","文质彬彬"就是内在的"仁"与外在的"礼"要结合起来,两者不可偏废。由此可见,在这里"文质彬彬"还是一个伦理学的问题,还没有延伸到文学理论层次。《论语·颜渊》也谈到"文质"问题:

> 棘子成曰:"君子质而已矣,何以文为?"子贡曰:"惜乎,夫子之说君子也!驷不及舌。文犹质也,质犹文也。虎豹之鞟犹犬羊之鞟。"

这意思是说卫国的大夫问子贡,君子只需要朴素而已,为什么要文采呢?子贡说:你可惜说错了。君子是要文与质兼备的。如果虎豹与犬羊都拔去毛,那么它们的皮毛还有什么区别呢?《论语》中的文质问题虽然是一个伦理学的问题,但是潜藏着转化为文学理论的可能性。后来果然被汉代后期的扬雄转化为文学理论问题。他先把文质问题转变为一个宇宙问题,在《太玄·文首》中说:"阴敛其质,阳散其文。文质班班,万物璨然。"在他看来,文质与阴阳有对应关系,即阴质阳文。天地万物是阴阳相聚,那么也就是文质相兼,《玄文》中就肯定了"天文地质,不易其位。"这种万物皆文质相副的说法,为将"文质"延伸来论文章和文学准备了条件。扬雄在《玄莹》篇明确地把文质关系问题当成一个文论问题,他说:

> 务其事不务其辞,多其变而不多其文也。不约则其旨不详,不要则其应不博,不浑则其事不散,不沈则其意不见。是故,文以见乎质,辞以睹乎情。观其施辞,则其心之所欲者见矣。

这里扬雄第一次把"文质"问题转化为文章写作问题。他的论点是"文以见乎质,辞以睹乎情"。"文"与"辞"相对应,"质"与"情"相对应。文质相兼,就是文辞兼备。就是说,文学作品既要情质素朴,又要文采斐然。扬雄当然还是从孔子的"文质彬彬"那里借鉴而来的,但这种借鉴与发明对儒家文论是重要进展。更进一步刘勰在《文心雕龙·情采》篇就发挥说:

> 圣贤书辞,总称文章,非采而何!夫水性虚而沦漪结,木体实而花萼振:文附质也。虎豹无文,则鞟同犬羊;犀兕有皮,而色资丹漆:质待文也。

刘勰的意思是,圣贤的著作,都可以叫做"文章",那不是文采斐然的吗?水性动才会有涟漪,树木实花朵才鲜艳,可见文采依靠情质。虎豹的毛皮要是没有美丽的花纹,它们的皮毛不就和犬羊一样吗?就是用犀牛、兕牛的皮革制披甲,还要靠朱红的漆来上色呢,可见情质又有待于文采的配合啊!刘勰在《文心雕龙·情采》篇还有一些"文质"问题的论述,其贡献在于充分地肯定了文学作品有两个元素,那就是情与采,情是"质",采是"文",情采结合,文质相符,文学创作才能达到极致。

与"文质"问题相关的另一个问题就是如何来理解孔子的"辞达而已"。有的论者对孔子认为写文章只要"辞达而已"(《论语·卫灵公》)有误解,认为孔子要求的"辞达"只是文字通顺而已。这种理解是不对的。孔子要求的文字通顺而已,是很高的要求。早就有学者解释说:"辞莫贵乎达,辞莫难乎达"(见胡寅《明明子论集解义疏》)。这是很有道理的。对"辞达"解释得最好的是苏轼。苏轼说:

> 夫言止于达意,则疑若不文,是大不然。求物之妙,如系风捕景,能使是物了然于心者,盖千万人而不一遇也;而况能使了然于口与手乎?是之谓辞达,辞至于能达,则文不可胜用矣!①

这可以说深得孔子"辞达"论之精髓。"辞达"从内容上看,不能"不及"又不能"过",要求内容和形式都"到位",要求恰到好处;从形式上说,则不能言辞粗鄙,但又不必华丽过分,也要表达得恰到好处。从这个意义上说,这种表达无论从内容还是从形式上看,都是一种艺术的表达。正因为儒家重视形式表达,所以仲尼曰:"志有之,言以足志。不言,谁知其志,言之无文,行而不远。"②儒家为了自己的言论流传和留传的需要,他们是讲究文采的。孔子说过的不少话都是很

---

① 苏轼:《与谢民师推官书》,《苏轼文集(第四册,孔凡礼点校)》,中华书局,1996年版,第1418页。
② 《左传·襄公二十五年》,《春秋左氏传注(第三册,杨伯峻编注)》,中华书局,1996年版,第1106页。

有意味的,如"学而时习之,不亦说乎?有朋自远方来,不亦乐乎?人不知,而不愠,不亦君子乎?""子在川上曰:逝者如斯夫,不舍昼夜。""温故而知新,可以为师矣。""君子周而不比,小人比而不周"……都是理深辞达之语。它们成为中国诗人获取灵感、暗示、启迪、滋养的一个泉源,是理所当然的。另外,在美与善的关系上,儒家在宣扬儒家的"善",即社会道德伦理的同时,也宣扬"美"。因此,在评价艺术的时候,还是要有二元素——善与美。《论语·八佾》曰:

> 子谓《韶》,尽美矣,又尽善也。谓《武》,尽美矣,未尽善也。

《韶》和《武》都是乐曲。孔子把乐曲分成"美"与"善"两个元素,认为"韶"尽善尽美,而"武"则虽"尽美"未尽善。朱熹注释说:"美者声容之胜,善者美之实也。然舜之德,性之也;又以揖让而有天下。武王之德,反之也;又以征诛而得地下。故其实有不同。"朱熹对《韶》乐尽善而《武》乐不尽善的说法,有不同的理解。这一点可以存而不论。值得我们注意的是朱熹认为美是事物"声容"的外在表现,善是事物的实际内容本身,这是很有意义的。因为孔子区别善与美的说法,让后来的作家、诗人知道了对于文学艺术来说,写什么(美之实)和怎么写(声容之盛)的区别。写什么是关系到善的问题,怎么写是关系到美的问题。尽管这个说法略嫌简单,但还是能够给大家以启示:文学艺术是应该追求美的。后来,荀子在《乐记》中进一步提出"美善相乐"的论点,意思与古罗马贺拉斯所提出的"寓教于乐"的说法,完全一致。就是说,儒家当然是要"诗教"、"乐教"的,当然是要文学艺术来为社会政治服务的,当然是要"文以载道"的,但文学艺术中,不应直接宣讲"教",明示"道",而是要寓含于"乐"之中。

由上可见,儒家的文学观念以社会功利性为主,但也强调艺术性和娱乐性的"亚观念"。这些"亚观念"与道家的审美论相结合,成就了中国古典文学的辉煌。因此,尽管中国历代都以儒家思想为主导,但作家、诗人仍然能发挥自己的艺术才能,创造出伟大的、灿烂的文学篇章来。

(原载《佛山科学技术学院学报》2000年第1期)

钟嵘诗论读解

提要：以现代的学术视野提出钟嵘的"自然英旨"说,论述诗歌自然之美；提出钟嵘的"怨悱"说以论述诗歌的审悲快感；重新提出钟嵘的"滋味"说以讨论诗歌的情感抒发。对于钟嵘的"品第"方法进行评论并指出其传统的局限。

如果说,曹丕的《典论·论文》、陆机的《文赋》和刘勰的《文心雕龙》中的诗学理论还融化于一般文学理论中的话,那么钟嵘的《诗品》就是诗歌的专论了。它产生于南北朝时期,与《文心雕龙》一起,被后代的诗学家称为诗学著作的"双美"。清代《四库全书总目提要》写到:"其勒为一书传于今者,则断自刘勰、钟嵘。勰究文体源流而评其工拙,嵘第作者之甲乙而溯厥师承,为例各殊。"说明刘勰、钟嵘的著作,各有特点,是六朝时期诗文研究方面仅有的两部专著。其后章学诚在《文史通义·诗话篇》的评价更高:"《诗品》之于论诗,视《文心雕龙》之于论文,皆专门名家,勒为成书之初祖也。《文心》体大而虑周,《诗品》思深而意远。盖《文心》笼罩群言,而《诗品》深从六艺溯流别也。"中国有 300 部左右的诗话著作,《诗品》是最早的一部,而且提出了几个重要的诗学问题,并作出了具有理论意义的回答,所以它在中国诗学史上具有重要地位。

钟嵘(约 468—518 年),出身贫寒,在南齐时期做过一些小官,"位末名微"。他的思想主要以老庄为主,重自然,思想比较解放。他的《诗品》分上、中、下三品,评论了汉魏以来 122 位诗人的作品,同时有 3 篇理论性较强的序言。钟嵘主要是针对诗坛上的流弊和诗歌批评中的不良风气,而写了《诗品》一书。其主要观点是强调诗歌的自然抒情性质和审美特征,这些观点不仅对当时具有纠正偏向的作用,而且对后代的诗学发展产生了深远的影响。钟嵘的诗学观点有"物感"说、"自然英旨"说、"怨悱"说、"滋味"说和"品第"方法诸点。"物感"说开始于刘勰,已经有不少学者作了研究,这里不再重复。我们着重读解他的后几点。

一、"自然英旨"说和诗歌的自然之美

钟嵘作为关心当时诗坛的鉴赏家,自然有他评论诗歌优劣美丑的观点。那么,他在他的著作中,把诗人分为上、中、下三品,上品 11 人,中品 39 人,下品 72 人,这究竟是根据什么标准来分的呢?或者说,他认为诗美究竟存在于哪里?这是我们必须首先弄清楚的一个根本问题。

对于这个问题,我认为罗根泽在他的《中国文学批评史》中所作的回答仍然是最好的,我这里根据他的一些立论,并作一些补充。罗根泽说:"自钟嵘看来,用事用典,宫商声病,繁密巧似,都违反自然,矫正的方法,当然也就要提倡自然。刘勰也提倡自然,但不以自然为根本观念;钟嵘《诗品序》里深深慨叹'自然英旨,罕值其人',可见他所标榜的准的——即根本观念——是自然。"[①]这个说法是总观全书所作出的结论,是比较有力的。在《诗品》里,钟嵘反对当时诗坛上的几种不良倾向,其一就是用典过多,以知识入诗,使诗变得晦涩难懂,枯燥乏味。这就不能不使诗歌的抒情性质大大削减了。萧子显在《南齐书·文学传论》中对这一现象有所描述:"或全借古语,用申今情,崎岖牵引,直为偶说,唯睹事例,顿失精采。"这些在诗中大引典故的人,显然不知诗之为诗的审美抒情特征。钟嵘针对此点,在《诗品序》里说:

> 夫属词比事,乃为通谈。若乃经国文符,应资博古;撰德驳奏,宜穷往烈。至于吟咏情性,亦何贵于用事?"思君如流水",既是即目;"高台多悲风",亦惟所见;"清晨登陇首",羌无故实;"明月照积雪",讵出经史。观古今胜语,多非补假,皆由直寻。颜延、谢庄,尤为繁密,于时化之。故大明、泰始中,文章殆同书钞。近任昉、王元长等,辞不贵奇,竞须新事。尔来作者,寖以成

[①] 罗根泽:《中国文学批评史(一)》,古典文学出版社,1958年版,第241页。

俗。遂乃句无虚语,语无虚字,拘挛补衲,蠹文已甚。但自然英旨,罕值其人。词既失高,则宜加事义,虽谢天才,且表学问,亦一理乎!

钟嵘认为诗歌和一般文章是不同的,一般的文章可以多引证一些也无妨,因为议论文字,可以用"他塑"的技巧,以前人的权威来加强自己的论点,这是必要的。但诗歌是抒发情性的文字,多用典故,就可能枯燥无味,因此诗歌作为审美的形态应多用"自塑"的技巧,这样才能抒发自己的感情,也才能感动别人的心。其次又认为,诗歌是天才的产物,最宝贵的是"自然英旨",而不是什么学问,所以典故、哲理再多也无济于事。

那么,怎么才能达到"自然英旨"的境界呢?钟嵘提出"直寻"说,所谓"直寻"就是直观,写自己眼前所见的具体生动的形象,只要自己有内在的领悟力,那么在所写的形象中必然会有"自然英旨"之深刻和情趣。钟嵘在评谢灵运的诗歌时又说:"若人兴多才高,寓目辄书,内无乏思,外无遗物",另外在评陆机诗歌时提出的"直致之奇",也意在说明诗歌创作是对真实和真理的直接的观照。这是对"直寻"说的进一步的说明。"直寻"说的提出,是古代诗学创作论的一次飞跃,因为它揭示出诗歌的创作是与直觉密切关联的。后来王夫之的"即景会心"说,王国维的"不隔"说都受其影响。由于"直寻"是主体对客体瞬间的把握,容不得用知识来拼凑,所以是最自然的。在"直寻"中,"自然英旨"也就必然会自然而然地达到了。

其次,钟嵘又指出第二种不良倾向,那就是当时诗坛过分讲究声律的弊端。南齐时期出现了一种根据沈约等人提出的"四声"、"八病"理论创作的严格格律化的"永明体"诗歌。平、上、去、入四声,都必须遵守,每句中每个字的声韵也有区别,不能违反,违反了就是"病"。应该说,五言诗讲究韵律,对形成诗歌的艺术文体是有好处的。但如果在声律上限制过多,就必然会妨碍诗歌思想感情的表达,并失去自然的品格。钟嵘看到了这一点,所以对"永明体"表示不满,说:

> 昔曹、刘殆文章之圣,陆、谢为体贰之才,锐精研思,千百年中,而不闻宫商之辨,四声之论。或谓前达偶然不见,岂其然乎!尝试言之:古曰诗颂,皆被之金竹。故非调五音,无以谐会……今既不被管弦,亦何取于声律耶……王元长创其首,谢朓、沈约扬其波。三贤或贵公子孙,幼有文辩,于是士流景慕,务为精密,襞积细微,专相陵架,故使文多拘忌,伤其真美。余谓文制,本须讽读,不可蹇碍,但令清浊通流,口吻调利,斯为足矣。至平上去入,则余病未能,蜂腰鹤膝,闾里已具。

钟嵘从对诗歌创作中声律的运用切入,进一步提出了诗要"真美",即自然之美。钟嵘也认为诗歌创作适当地讲一讲声律是可以的,他就曾用"音调铿锵"评价过诗人的诗,以为在声律上"清浊通流,口吻调利"也就够了,绝不能因讲究声律妨碍诗的感情的自然表达。所谓"真美",即是自然真实的美,不是人为造作的美,过分注意声律,讲什么四声、八病,这就必然陷入人为的造作,而丧失了诗的"真美"。钟嵘的"真美"说，与他的"直寻"说，是联系在一起的，不过"真美"说是从诗的效果上说，而"直寻"说是从创作的角度上说，但两者所强调的都是自然，感情的自然，声律的自然，"自然英旨"的境界。

第三，钟嵘对于当时的诗歌受玄学的影响也深为不满。他说"永嘉时，贵黄、老，稍尚虚谈，于时篇什，理过其辞，淡乎寡味……皆平典似《道德论》。"本来"黄老"作为哲学思想是崇尚自然，但有些诗人不明白诗歌的抒情性质不宜于说理；或故意在诗歌里面卖弄知识，诗歌淡而无味，在抒情的文体里，夹杂着那么多的玄理，当然也是不自然的。所以"自然英旨"说也是针对当时诗歌的说理倾向而提出来的。

不难看出，钟嵘关于诗歌应以"自然英旨"为美的主张，虽然是针对当时诗坛的种种弊端而发的，但"自然英旨"应是诗美的普遍属性。这一诗学思想显然源于庄子的"天籁"观。刘勰《原道》等篇中开始主张文学的"自然之道"，但把这个问题解决得比较好的则是钟嵘。钟嵘从创作论上力主"直寻"说，反对过多用典，反对过分追求声律，主张对事物的瞬间把握；在鉴赏论上则力主"真美"说，以诗歌的真实自然为欣赏的高格。他对一系列诗人的评议都体现出这个标准，如他评颜延之"汤惠休曰：'谢诗如芙蓉出水，颜如错彩镂金。'颜终身病之"。从钟嵘以后，"清水出芙蓉，天然去雕饰"（李白《经乱离后天恩流夜郎忆游书怀赠江夏韦太守良宰》）成为诗美的极致。"雕琢自是文章病，奇险尤伤气骨多"（陆游《读近人诗》），故意的雕琢成为诗美的"敌人"。可见"自然英旨"对后代的诗评是有直接影响的。

二、"怨悱"说与诗歌的审悲之美

诗美在自然,但这不等于说诗歌写什么、怎么写也可以听其自然。钟嵘充分意识到这个问题,认为写什么和怎么写都还有一个选择的问题。《诗品序》写到:

> 若乃春风春鸟,秋月秋蝉,夏云暑雨,冬月祁寒,斯四候之感诸诗者也。嘉会寄诗以亲,离群托诗以怨,至于楚臣去境,汉妾辞宫,或骨横朔野,魂逐飞蓬;或负戈外戍,杀气雄边;塞客衣单,孀闺泪尽;或士有解佩出朝,一去忘反;女有扬蛾入宠,再盼倾国。凡斯种种,感荡心灵,非陈诗何以展其义?非长歌何以骋其情?故曰:"《诗》可以群,可以怨"。

这段话中,有两层意思:第一,诗人只有对外物有所感应,才会写诗歌唱,这就是《诗品序》开头"气之动物,物之感人,故摇荡性情,形诸舞咏"的"物感"说,"物感"说到这里最后成熟。这一意思很多学者都反复论述到了。第二,并非所有的事物都可以"陈诗展义"、"长歌骋情",四季的自然景色当然是可以写的,但特别是"怨悱"之情。聚会时的亲密感情,离群索居时的幽怨感情也自然可以写,但是更值得写的是两种情感,一是丰富性的情感,如"女有扬蛾入宠,再盼倾国",高兴啊,欢乐啊,喜庆啊,等等,都是属于人的上升性的情感,这种情感的外溢,就可能是诗是歌;一是缺失性的情感,这就是钟嵘举例 8 种中的7种,所谓"楚臣去境","汉妾辞宫","骨横朔野,魂逐飞蓬","负戈外戍,杀气雄边","塞客衣单","孀闺泪尽","解佩出朝,一去忘返"等。这些事件所引起的情感都是"怨怼"性的情感,即人有这样那样的缺失所引起的情感。我这里之所以用现代心理学的术语来读解钟嵘的思想,是因为他所说的诗"可以怨"的"怨",与"怨刺上政"的那种狭隘的"怨"已经不同,钟嵘是从一个更广阔的而不是局限于讽喻的政治视野来理解诗"可以怨"。他所举的7个事例涵盖了社会生活的各个方面的"怨怼"之情。

更值得指出的是,钟嵘所举的8种中的7种,都是"怨怼"。这种数量上的对比,并非偶然,这说明他认为,"怨怼"、"悲哀"、"悲壮"、"悲慨"之情更适合于诗。在实际的评论中,他对具有哀怨情感的诗歌,总是给予更高的评价。如对《古诗》的评议:"意悲而远","多哀怨";对李陵诗的评议:"文多凄怆怨者之流";评班姬"怨深文绮";评曹植"情兼雅怨";评王粲"发愀怆之词";评阮籍"颇多感慨之词";评左思"文典以怨"。此外还有一些类似的评议。可以肯定的是,钟嵘认为,哀怨之情更能激动人心,更能感人肺腑,更符合诗的文体。如果这样的读解可以的话,那么我们进一步的读解是,钟嵘不论自觉还是不自觉,都提出了诗歌的审悲快感问题。这个问题的更具体的提法是,为什么像"汉妾辞宫"这样的悲剧,也可以被人欣赏,为什么"骨横朔野,魂逐飞蓬"的悲惨场面也可以被人欣赏,等等。比钟嵘早不了多少时间,西方圣·奥古斯丁在他的《忏悔录》里提出了很相似的问题:"没有谁愿意遭受苦难,但人们为什么又喜欢观看悲惨的场面呢?"应该说,对这个问题的解答是在现代心理学和美学发展起来以后才逐渐完善的。但是在钟嵘的《诗品序》中,已经有了部分不自觉的回答。这就是钟嵘的那句话:"非陈诗何以展其义?非长歌何以骋其情?"钟嵘意识到,要通过"陈诗"和"长歌"的活动,才能把完全是带着生活本身的悲怆的、苦涩的、自然形态的东西,转化为艺术的、可以欣赏的东西。就是说,所谓的"陈诗"和"长歌",这是一个艺术形式化过程。本来是"汉妾辞宫"的悲哀的事件,在通过"长歌"之后,已经变成了诗,有了诗的意味。这样就与原本的生活隔离开了,或者说有了心理的"距离"。也可以说,原本的生活事件经过"长歌"之后转化为"文学事件"。如同美学家乔治·桑塔耶纳所说:"在艺术中,表现的愉快和题材的恐怖混合起来,其结果是:题材的真实使我们悲哀,但是传达的媒介却使我们喜悦。一悲一喜的混合,构成了哀情之别有风味和刻骨凄怆。"[①]所以审悲也是会有快感的。钟嵘提倡抒写"怨悱"之情,无疑是感觉到了这个问题,并把它提出来了,对后来的文论产生了影响。如唐代韩愈在《荆潭唱和集序》中就说:"夫和平之音淡薄,而愁思之声要妙;欢愉之辞难工,而劳苦之言易好也。"他在《送孟东野序》中,又提出了"不得其平则鸣"的观点。宋代欧阳修在《梅圣俞诗集序》中又提出了"诗穷而后工"的说法。是否可以这样说,钟嵘的"怨悱"说,上承屈原的"发愤抒情"和司马迁的"发愤著书"的思想,下启韩愈、欧阳修的说法,形成了中国文论史上的"审悲快感"理论。

---

① 乔治·桑塔耶纳:《美感》,中国社会科学出版社,1982年版,第150页。

三、《诗品》的"滋味"说

关于诗歌的"滋味"说问题,是中国文论界多数人一致的看法。但是自《文学遗产》1993 年第 4 期发表了日本学者清水凯夫先生的《〈诗品〉是否以"滋味说"为中心——对近年来中国〈诗品〉研究的商榷》后,谈论钟嵘"滋味"说的明显"沉寂"了不少。应该说,清水凯夫的文章在揭示中国文论界 30 年来,在钟嵘《诗品》的"滋味"说上面,总是重复前人的意见,没有自己的研究心得,没有新的进展,的确是有意义的。但是他以日本和韩国的学者为根据,说他们那里从来不重视钟嵘的"滋味"说,你们中国学者却抓住钟嵘的"滋味"说不放,似乎要表明日本、韩国的研究水平比中国要高,这我就不敢苟同了。另外他引用罗根泽《中国文学批评史》中一句话"由是知他所谓'滋味',虽然近于神秘,但也不过是用一种曲笔寓言,使有文字以上的意味而已",即认为连罗根泽都不怎么认钟嵘的"滋味"说的"账",可见说钟嵘的"滋味"说多么重要,就不值一谈。这也是我难于苟同的。钟嵘的《诗品》中有没有"滋味"说、把"滋味"摆到什么位置上,这要实事求是地看《诗品》中的原文,要以原文为根据。

事实上,钟嵘在《诗品》中,的确提出了五言诗的"滋味"说。他之突出地提出诗歌的"滋味"问题,与他对诗体的看法,对玄言诗的看法有关。在诗体上钟嵘特别标举五言诗,他认为古老的四言诗有较大的局限,"文繁而意少",所以自汉代以来已较少人作这种诗体了。另外他还特别对当时流行的玄言诗提出批评,他说:"永嘉时,贵黄、老,稍尚虚谈,于时篇什,理过其辞,淡乎寡味……皆平典似《道德论》。"对四言诗的局限,玄言诗的干巴,应该怎么办呢?钟嵘在《诗品序》中说:

> 五言居文词之要,是众作之有滋味者也,故云会于流俗。岂不以指事造形,穷情写物,最为详切者耶!故诗有三义焉:一曰兴,二曰比,三曰赋。文已尽而意有余,兴也;因物喻志,比也;直书其事,寓言写物,赋也。宏斯三义,酌而用之,干之以风力,润之以丹采,使味之者无极,闻之者动心,是诗之至也。

关于"味"的问题,早在先秦时期就提出来了,如《左传》昭公二十年齐国晏子就提出"声亦如味"的问题,涉及音乐艺术中的味;孔子听韶乐,三月不知"肉味";《乐记》也说音乐的"遗味"问题。但最早把"味"作为一个诗学概念来用的是陆机的《文赋》,陆机对那些质朴无文的诗文不满,说"阙大羹之遗味,同朱弦之清泛"。到了《文心雕龙》,"味"字频频出现,最重要的如《隐秀》篇中说:"深文隐蔚,余味曲包"。但此前的诗论都没有把"滋味"作为核心的观念提出,到了钟嵘这里,诗学中的"滋味"说才得以确立。钟嵘把"滋味"作为评诗的标准,认为只有最好的诗才有滋味,"滋味"作为诗学的一个范畴开始形成。钟嵘对"滋味"的规定,按他本人的意思有三点:第一,诗的"滋味"有或没有,关键看"指事造形,穷形写物"是不是"详切",越是"详切"就越有"滋味"。所谓"详切"的意思,就是深深地切近事物的本来面貌,实际上就是"神似",不是一味形似。钟嵘这样说是针对当时诗坛注重形似而提出来的。钟嵘对"滋味"的这一规定,揭示了诗歌应写事物的内在精神,是很有意义的。第二,那么如何才能使诗歌获得幽远的滋味呢?为了解决这一问题,钟嵘对赋、比、兴进行了重新解释,也可以说是"曲解"。他首先把"兴"放到首位,并以"文已尽而意有余"解释之,这种解释同以往与以后诗学家的解释是不同的。对"比"、"赋"的解释也有点"离题":"因物喻志,比也;直书其事,寓言写物,赋也"。比者,说是"因物喻志",还说得通,但不是很确切。赋者"寓言写物",也就是写物不能单纯地写,写物要有寄托。这种解释就离开了"赋"的本旨,可以说这种解释在中国文论界是"独此一家"的。另外,钟嵘对"赋、比、兴"原有的位置也作了调整,变成了"兴、比、赋"。如果我们设身处地站在钟嵘的地位上来替他着想,那么我们就会感觉到,古人的"赋、比、兴"对解释他的"滋味"说,并不是很合理的,但他本身还是受传统的束缚,找不到新的概念来说明他的"滋味"说,于是不得已的选择就是用"赋、比、兴"的旧概念,但重新加以解释,甚至曲解。所以我们如果把"赋、比、兴"的旧概念放置一边,那么钟嵘的"滋味"说内涵就在"文已尽而意有余"、"因物喻志"和"寓言写物"的论述中。这意思就是,诗歌要余意绵绵,情感不要直接写出,要通过比喻写出来,而且还要有深的寄托,这样的诗就有"滋味"了。第三,钟嵘认为,兴、比、赋三者都要斟酌运用,同时注意风骨和文采,风骨是内在的美,文采是外在的美,两者都要兼顾。为什么钟嵘如此看重"滋味"呢?我认为钟嵘意识到诗歌是"吟咏性情"的,是抒发感情的,尤其是要抒发上面所说的"怨悱"之情的,因此与别的文体不同,不能靠情节故事吸引读者,也不能靠典故知识吸引读者,当然也不能靠文字的巧妙吸引读者,还是要靠诗的"滋味"来吸引读者。如果能做到上面三点,那么就可使诗的滋味无穷无尽,进而使诗美达到极致。也许清水凯夫看了我这段文字,仍然会说,这里并没有新东西啊,还是罗根泽和吴调公所说的那三点啊。不错,还是那三点,但是我们应该清楚,这三点是钟嵘自己说的,不是别人强加给他的。一个学者在发表意见时,我认为刘勰在《文心雕龙·序志》篇的态度是可取的:"有同乎旧谈者,非雷同也,势自不可异也。有异乎前论者,非苟异也,理自不可同也。"

钟嵘的"滋味"说,我感到仍然是《诗品》的一个核心概念,而且也的确发现了诗美的普遍规律,它的意义是重大的,因此对后来的诗学建设发生了重大的影响,如唐代司空图的"味外之旨"说,"味在咸酸之外"说,明显受到钟嵘的影响。

四、"品第"方法与它的民族文化个性

钟嵘《诗品》除"序"外,主要的篇幅是用"品第"的方法为汉魏以来122家诗人分品,开了唐宋以后"品第"的先河,后来的诗话都这样或那样地受他的影响。因此这里需要检讨他"品第"方法的得失。钟嵘为什么要给汉魏以来122家诗人分品呢?钟嵘在《诗品序》说:

> 观王公缙绅之士,每博论之余,何尝不以诗为口实,随其嗜欲,商榷不同。淄渑并泛,朱紫相夺,喧议竞起,准的无依。近彭城刘士章,俊赏之士,疾其淆乱,欲为当世诗品,口陈标榜,其文

未遂,感而作焉。昔九品论人,七略裁士,校以宾实,诚多未值。至若诗之为技,较尔可知,以类推之,殆均博弈。

钟嵘是看不惯当时评论界"淄渑并泛,朱紫相夺"的混乱现象,而出来写《诗品》的。这样他就把汉魏以来的诗分为上中下三品。(我们这里借用罗根泽先生在《中国文学批评史》中所列的表,见附表。)将诗人分为上、中、下三品,学的是班固把人分成九等。

上品 古诗外 11 人	李陵、班姬、曹植(魏陈思王)、刘桢 王粲、阮籍、陆机、潘岳、张协、左思、谢灵运
中品 39 人	秦嘉、徐淑、曹丕(魏文帝)、嵇康、张华、何晏、孙楚 王赞、张翰、潘尼、应璩、陆云、石崇、曹摅、何劭 刘琨、卢谌、郭璞、袁宏、郭泰机、顾恺之、谢世基 顾迈、戴凯、陶潜、颜延之、谢瞻、谢混、袁淑、王微 王僧达、谢惠连、鲍照、谢朓、江淹、范云、丘迟、任昉、沈约
下品 72 人	班固、郦炎、赵壹、曹操(魏武帝)、曹叡(魏明帝) 曹彪(魏白马王)、徐干、阮瑀、欧阳建 应璩(或疑为璩子贞)、嵇含、阮侃、嵇绍、枣据 张载、傅玄、傅咸、缪袭、夏侯湛、王济、杜预、孙绰、许询 戴逵、殷仲文、傅亮、何长瑜、曜璠、范晔 刘骏(宋孝武帝)、刘铄(宋南平王)、刘宏(宋建平王) 谢庄、苏宝生、陵修之、任云绪、戴法兴、区惠恭 惠休、道猷、宝月、萧道成(齐高帝)、张永、王文宪 谢超宗、丘灵鞠、刘祥、檀超、钟宪、颜则、顾则心 毛伯成、吴迈远、许瑶之、鲍令晖、韩兰英 张融、孔稚珪、王融、刘绘、江祐、王巾、卞彬、卞录、袁嘏 张欣泰、范缜、陆厥、虞羲、江洪、鲍行卿、孙察

这样做虽然给人以一目了然的清晰印象,也大致上把优、良、差

分个差不多。但是明显受前人等级观念的影响,表现出民族个性中落后的一面。而且这样分等,是有"危险"的,这一点钟嵘也意识到了,觉得自己所作具有"博弈"的性质。有的人该放在哪一品,也很难断然决定,如钟嵘自己说张华"今置之中品疑弱,处之下科恨少,在季孟之间矣"。不可否认,钟嵘对一些诗人的评议,有很精辟的地方,但也有赌博下棋的味道,所以引起后代人们诸多非议。如我个人偏爱的陶渊明和曹操,前者被放置于"中品",后者被放置于"下品",就是钟嵘看花了眼的结果。他自己主张"自然英旨",而陶、曹是最自然的诗人,怎么会给弄到"中、下品"去。值得检讨的还有,他的对诗人的点评,用一种点到即止的评论方法,对后代影响很大,这究竟是好影响,还是坏影响,也是可以进一步思考的。中国古代留下的300部诗话,给人"琐碎"的感觉,而缺乏对诗人的专门的理论研究,是不是与钟嵘的第一部《诗品》有关呢?

(原载《保定师范专科学校学报》2002年第1期)

司空图"韵外之致"说新解

提要 "韵外之致"说是司空图诗论的核心。本文企图从现代学术视野来审视这一学说。文章首先说明"韵外之致"说的文化学术背景,进而揭示:"近而不浮,远而不尽"是"韵外之致"说的美学内涵,进而揭示"醇美"是"韵外之致"的理想,"全美为工"、"辨味言诗"是产生"韵外之致"的必要条件。本文尝试运用历代文论对"韵外之致"进行阐释,力图揭示司空图诗论的现代意义。

唐代是中国诗歌发展的一个顶峰时期。诗人辈出,诗作格调十分丰富。刘勰的艺术理想——风骨,得到真正的建立。在唐代,诗论也十分发达,如王昌龄的"物境"、"情景"和"意境"理论,皎然的"取境"理论,陈子昂的呼唤"汉魏风骨",李白的"清水出芙蓉"的艺术追求,杜甫的"转益多师"和"语不惊人死不休"的诗学观点,白居易的

"补察时政"和"泄导人情"的儒家新观点,韩愈的"不平则鸣"和"文穷益工"说,等等,都具有相当的理论价值。但从原创性的角度和影响而论,则司空图的"韵外之致"说,更具有理论的深度和现代意义。

晚唐时期的诗歌创作与诗学发展,跟晚唐社会环境有着密切关系。在那个时代最有才华的诗人李商隐去世之后的第二年,也就是唐宣宗大中十三年(860),浙江东部爆发了裘甫领导的农民起义;唐懿宗咸通九年(868),庞勋起义;唐僖宗乾符元年(874),王仙芝起义;第二年,黄巢大起义。这些农民起义前后经历十余年之久,范围几达半个中国。起义最后虽然失败了,但唐帝国的根基已动摇。加上朝廷内部宦官之争、藩镇之争日益恶化,唐帝国走向灭亡的日子终于来临了。在这一政治环境和社会状况中,知识分子的心理虽因政治态度的不同而有所区别,但总的趋向是一致的,那就是觉得"夕阳无限好,只是近黄昏",都带有末世的悲哀感,虽然他们选择的道路有出仕与归隐的区别,但都是在无可奈何中挣扎。在诗歌创作中有的人呼喊民生疾苦,希望恢复儒家诗教;有的则追求淡薄情怀,希望能从诗歌的吟咏里寻找到自己精神的避风港,保持心境的平静。皮日休、杜荀鹤等属于前者,他们的诗学主张是儒家的诗教:"诗之美也,闻之足以观乎功;诗之刺也,闻之足以戒乎政。"(《正乐府序》)但他们对已经成熟的儒家诗教并没有新的补充,所以他们的诗学对后代的影响很有限,倒是另一派诗学家,即热衷于淡泊情怀的人们,他们上承道家的传统,以及唐以来王昌龄、皎然的"意境"论的资料,着重总结王维、韦应物等诗人的山水田园诗歌创作经验,把道家系统的诗学思想向前推进了一步。其代表人物是司空图。

司空图(837—908),字表圣,河中虞乡人(今山西省永济县)。唐咸通年间中进士,曾任殿中侍御史、礼部员外郎、中书舍人等职。他也很想在那混乱时刻在政治上有所作为,但历尽坎坷之后,一事无成,在黄巢起义风潮中,他返回家乡河中中条山王官谷,隐居于此,以诗酒自娱。在闻知唐帝国亡后绝食而死。他的诗学著作主要有《与李生论诗书》、《与王驾评诗书》、《与极浦书》和《诗品》等。《诗品》是不是司空图所作,个别学者提出质疑。本书所用资料主要是三种诗学书信,《诗品》的资料也有所涉及。司空图在中国诗学上的突出贡献是他提出并论述了他的"韵外之致"说(也可叫"味外之旨"说)。

一、"韵外之致"说的文化学术背景

司空图提出"韵外之致"不是偶然的,这里涉及作品中言语与它所要表现的审美体验之间的关系。如果说"言不尽意",在庄子那里,其困难是一般性的语言无法接近他所追寻的神秘的、飘渺的、"莫见其性"、"莫见其功"的"道"的话,那么,在诗人作家这里,"言不尽意"的尴尬困境,是关联到如何用一般性的语言,来表现诗人作家的审美体验问题。陆机在《文赋》中明确提出了"意不称物,文不逮意"的困难,并认为"非知之难,能之难"。刘勰在《文心雕龙·神思》篇也谈到"方其搦翰,气倍辞前,暨乎篇成,半折心始"的现象。应该承认,从常理说,语言与体验之间存在着"鸿沟"。语言的确是一般性、概括性的,黑格尔在《哲学史讲演录》中说:

> 语言实质上只表达普遍的东西;但人们所想的却是特殊的、个别的东西。因此,不能用语言来表达人们所想的东西。

当然,语言作为一种符号,它给人们带来很大的助益。特别在运用它来指称和推理的时候,它的确是一种有力量的东西。但是,它的一般性和概括性,又使它有时显得无能为力。例如,"山",它是对一切山的概括,当我们面对中国湖南西部天子山的某个在云雾中的奇特的山峰的时候,"山"这个词,连同其他一些同样是一般性的词,就很难传神地、或精确地把它描写出来。若是用语言去表现诗人作家的审美体验,就更加困难了。卡西尔充分意识到这一点,他说:"我们的审美知觉比起我们的感官的知觉来更为多样化,并且属于一个更高的层次。在感官的知觉中,我们总是满足于认识我们周围事物中的一些共同不变的特征。审美经验则是无可比拟的丰富:它孕育着在普通感觉经验中永远不可能实现的无限的可能性。"[①]这就是说,普通知觉由于它的单一性有限性,与普通语言的单一性稳定性还勉强可以匹配的话,那么审美体验的丰富和无限性,是普通语言无论如何也无法穷尽的。审美体验是人的一种"高峰体验",马斯洛说:"这种体验是瞬间产生的、压倒一切的敬畏精神,也可能是转眼即逝的极度强烈的幸福感或甚至是欣喜若狂、如醉如痴、欢乐至极的感觉。"[②]诗人的体验也是高峰体验,当然也是无法言传的。但是我们这里要指出

---

① 卡西尔:《人论》,上海译文出版社,1985年版,第184页。
② 马斯洛:《谈谈高峰体验》,见《人的潜能和价值》,华夏出版社,1987年,第366页。

的是,这种思想早在两千多年前和一千多年前,中国的智者就深刻认识到了。例如,汉代的司马相如(公元前179—前117)提出了"赋家之心"说,他说:"赋家之心,包括宇宙,总览万物,斯乃得之于内,不可得而知。"①赋家,就是当时写赋的诗人,可以引申为一切作家。"赋家之心",即诗人的审美体验,存在于心中,却不可知,实际上是说一般的意识是无法把握的,因此一般的语言也传达不出来。司空图自己也提出"诗家之景"说,他引戴容州的话说:"诗家之景,如蓝田日暖,良玉生烟,可望而不可置于眉睫之前也。"②这里所说的"诗家之景"当然不是单纯的"景物",而是诗人心中情景交融时的审美体验。司空图认为,如同阳光照射下的烟雾朦胧的美玉,那种感觉是恍惚迷离,是很难用普通语言捕捉的。中国古代诗人、作家认识到"言不尽意"的困境这一点,是十分重要的。第一,他们清醒认识到审美体验的多样性、朦胧性、流动性和复杂性,不容易捕捉;第二,他们清醒认识到一般语言的缺陷,必须想办法采取别样的语言策略,才有可能化解"言不尽意"的困境;第三,他们清醒认识到解决"言不尽意"的困境,不仅仅是追求风格的含蓄偏狭问题,而且是追求诗的美质的全局性的胜利。

为此刘勰在《文心雕龙·隐秀》篇提出了"文外之重旨"、"义主文外"的思路。但是问题并没有获得完满的解决。这个语言表达与审美体验之间的鸿沟如何来填平呢?司空图在几百年后终于解决了这

---

① 载《西京杂记》卷二。
② 司空图:《与极浦书》。

个问题。

二、"近而不浮,远而不尽"——"韵外之致"说的美学内涵

在司空图之前,王昌龄的"意境"说,皎然的"取境"说,已都接触和论述到了诗歌创作中如何超越诗歌题材内容而追求更深远的意味的问题,但真正解决这个问题的人是司空图。

司空图在那样一个"末世",就此问题继续总结中国诗歌创作和自己诗歌创作的经验,提出了"韵外之致"说。《与李生论诗书》中说:

> 文之难,而诗之难尤难。古今之喻多矣。而愚以为辨于味,而后可以言诗也。江岭之南,凡足资于适口者,若醯,非不酸也,止于酸而已;若鹾,非不咸也,止于咸而已。华之人以充饥而遽辍者,知其咸酸之外,醇美者有所乏耳。彼江岭之人,习之而不辨也,宜哉。诗贯六义,则讽谕、抑扬、渟蓄、温雅,皆在其间也。然直致所得,以格自奇,前辈诸集,亦不专工于此,矧其下者耶!王右丞、韦苏州澄澹精致,格在其中,岂妨于遒举哉?贾浪仙诚有警句,视其全篇,意思殊馁,大抵附于蹇涩,方可致才,亦为体之不备也,矧其下者哉?噫!近而不浮,远而不尽,然后可以言韵外之致耳。

这段话的意思是,论文很难,论诗更难。古今的比喻是很多的,而我以为先要能辨别诗的味道然后才可以论诗。长江、五岭以南,大多偏

嗜酸咸口味的人。至于醋,不是不酸,可仅仅是酸而已;至于盐,不是不咸,仅仅是咸而已。中原的人用以调味、佐餐就不再用了,因为知道它们除酸味、咸味之外,缺乏醇美之味。那些岭南的人,习惯了那种口味而不辨美与不美,这是当然的了。诗所包括的"六义",讽谕、抑扬、蕴蓄、温雅这些风格都在其中了。然而它们都是直接自然地写出来,各以自己的"人格"而自树特点。前辈中有不少的人,也不特别擅长于此,何况水平还在他们以下的人呢!王维、韦应物的诗清淡深远、精巧细致,他们的作品自成一格,难道不能和风格遒劲挺拔的作品相比美吗?贾岛的作品确实有警句,但就全篇看,内容是比较空虚的,大概是靠雕琢艰涩的句子,才能显示其才能,这也是诗的体格不具备的缘故,何况水平在他之下的人呢?噫!形象真切,而不流于肤浅,意境深远,而含蓄不尽,然后才可以谈到文字以外的余韵啊。司空图在这篇文章中以自己创作的诗句来说明他的"韵外之致"的论点,最后还说:

> 盖绝句之作,本于诣极,此外千变万状,不知所以神而自神也,岂容易哉?今足下之诗,时辈固有难色,倘复以全美为工,即知味外之旨矣。

这意思是,只有诗的造诣很深的人,才能创作绝句,它千变万化,不知那种"神而自神"的境界,是容易的吗?现在您的诗,同时的人要想和您相比是困难的。如果要以整体的美为最好,就要知道"味外之旨"。在上述两段话中,司空图围绕着"韵外之致"和"味外之旨"的核心命题,展开了自己的论述。为了说明司空图以什么样的语言策略解决这个问题,对上述所引的话,我想分成几点来加以读解。

首先遇到的一个问题是,司空图的"韵外之致"是什么意思,它的美学内涵是什么?

司空图所说的"韵外之致",首先是把诗分为"韵内"与"韵外"两层。"韵内"是指诗的语言文字声韵及其所表达的意义,这是诗歌直接呈现给读者的实在的东西;"韵外"则是指诗的语言文字声韵及其表面意义之外所隐含的意味,这种意味是一种"虚空",要靠读者"思而得之"、"品而得之",它是一种深藏的意义,一种悠远感,一种弥散般的艺术空间。但"韵内"与"韵外"是有密切联系的,只有"韵内"有真美,"韵外"才可能有意味。

"韵外之致"的美学内涵是"近而不浮,远而不尽"。诗的形象具体、生动、栩栩如生,似乎可能触摸到,这就是"近而不浮";而于具体、生动、可感的形象中又有丰富的蕴含,所抒发的感情含而不露,只可意会,不可言传,可让读者愈读就愈有味,这就是"远而不尽"。在这里,司空图似乎提出了一个"悖论"式的论点,"近"的容易"浮","远"的则趋向"尽",但他却认为诗人的创造就是要艺术地解决这个"悖论",达到"近而不浮,远而不尽"的境地。

司空图在《与李生论诗书》中,举了二十四联的诗的例子,来说明"近而不浮,远而不尽"的道理。当然这些诗句良莠不齐,有的比较一般,有的确实很好,如"得于山中,则有'坡暖冬生笋,松凉夏健人',又'川明虹照雨,树密鸟冲人'。""得于丧乱,有'骅骝生故第,鹦鹉失佳人'。""得于寂寥,有'孤萤出荒池,落叶穿破屋'"等,的确是形象鲜

明,意味无穷。司空图所推重的王维、韦应物的诗,这类"近而不浮,远而不尽"的诗句更多,如王维的句子:

> 行到水穷处,坐看云起时。
> （《终南别业》）

> 渡头余落日,墟里上孤烟。
> （《辋川闲居赠裴秀才迪》）

> 江流天地外,山色有无中。
> （《汉江临泛》）

> 山下孤烟远村,天边独树高原。
> （《田园乐》）

> 日暮沙漠陲,战声烟尘里。
> （《从军行》）

这些诗句所表现的情景是不同的,但其共同的特点是,景物鲜明如在目前,意味悠远无尽,让人一下子就进入到了一种情景相融的境界。又如韦应物的诗:

> 怀君属秋夜,散步咏凉天。

> 山空松子落,幽人应未眠。
>
> (《秋夜寄邱二十二员外》)
>
> 独怜幽草涧边生,上有黄鹂深树鸣。
> 春潮带雨晚来急,野渡无人舟自横。
>
> (《滁州西涧》)

这两首诗可以说是韦应物的代表作,描绘如一幅幅清丽的图画,而蕴含深厚,语浅情深,言简意长,可以使人展开无限的联想。这些诗都是"近而不浮,远而不尽"的具有"味外之旨"的优秀作品。值得指出的是,司空图在《与极浦书》中,对"韵外之致"和"味外之旨"引当时著名诗人戴叔伦的比喻,作了进一步的具体说明:

> 戴容州云:"诗家之景,如蓝田日暖,良玉生烟,可望而不可置于眉睫之前也。"象外之象,景外之景,岂容易可谈哉?

蓝田,指蓝田山,产美玉。"蓝田日暖,良玉生烟",是说玉石晶莹,在日光照射之下,熠熠生辉,那辉光如缕缕轻烟缠绕,但又不是真实的烟,因此可望而不可及。司空图认为,诗人笔下的景物,就如同这玉石发出的辉光,可以远远看见,但又不可放在眼前实实在在地看。所以说诗的景象是"象外之象,景外之景"。前一个"象"、"景"是实在的"象"、"景",后一个"象"、"景"是虚的,想象中的"象"、"景"。司空图强调那种"意与境浑"的优秀作品,必须具有后一种"象"、"景",有没有后一种"象"、"景"是一首诗是不是有意境的标志。这也正是司空图的"韵外之致"说的旨义所在。在司空图的备受人们瞩目的诗学著作《诗品》中(尽管目前对它的作者还有疑问),虽然作者的本意可能是在把诗的语体、风格分为二十四种,即"雄浑"、"冲淡"、"纤浓"、"沉着"、"高古"、"典雅"、"洗练"、"劲健"、"绮丽"、"自然"、"含蓄"、"豪放"、"精神"、"缜密"、"疏野"、"清奇"、"委曲"、"实境"、"悲慨"、"形容"、"超诣"、"飘逸"、"旷达"、"流动",但是在以诗的形式论述这些语体、风格的同时,也处处贯穿了他的"韵外之致"的思想,就是说,在形成这些语体、风格中,同样也要追求"韵外之致"的极致。如在谈到"冲淡"一品时说:

> 遇之匪深,即之愈希。脱有形似,握手已违。

意思是说,冲淡的风格和境界可以随意而遇,不必深入去探求;偶然觉得它有形迹可求,可转瞬又无迹可求了。这是说冲淡风格或意境那种虚虚实实、似近实远的品质,其本质是"韵外之致"。又如在谈到"含蓄"一品时说:

> 不着一字,尽得风流。语不涉己,若不堪忧。

意思是说,对"含蓄"的风格和意境来说,虽然似乎所写的很少很少,但表现出来的却很多很多,出语似乎未及忧患,但听起来已不堪其忧了,无意言情,其情愈深愈动人。在这里,同样也贯穿了"韵外之致"

的思想。

三、"醇美"——"韵外之致"的理想

司空图认为诗味十分重要,只有先能辨别诗味的人,才能谈论诗的优劣。这里所说的"味"当指风味、意味、趣味、韵味等。就是说,我们在读诗和评论诗的时候,不但要知道诗的"文意",而且还必须了解诗的"好处",即它的风味、意味、趣味、韵味。例如,王维的诗《酌酒与裴迪》:

> 酌酒与君君自宽,人情翻覆似波澜。
> 白首相知犹按剑,朱门先达笑弹冠。
> 草色全经细雨湿,花枝欲动春风寒。
> 世事浮去何足问,不如高卧且加餐。

这首诗,除了写王维劝他的朋友不必过问世事,把世事看成浮云一般之外,还有一种令人寻思的韵味,像"草色全经细雨湿,花枝欲动春风寒"的句子,就含有一种更深的趣味在,必须经过思索、品味,才能体会出来。司空图推重王维、韦应物,就是因为他们的诗淡远清新,有味可寻。

那么,在司空图看来,"韵外之致"的理想是什么呢?他认为这就是诗的"醇美"。司空图认为,诗味可以分为两重,一重是诗内味,一重是诗外味,这"内味"是当年钟嵘强调过的,而"外味"就是前人强调

得不够的东西,司空图把这"外味"的极致叫做诗的"醇美"之味。更重要的是,他认为这"醇美"之味既不在单调的"酸"上面,也不在死板的"咸"上面,而在"咸酸"之外。宋代著名文学家苏轼对司空图的这一思想作了很好的概括,他在《书黄子思诗集后》一文中说:

> 唐末司空图,崎岖兵乱之间,而诗文高雅,犹有承平之遗风。其论诗曰:"梅止于酸,盐止于咸;饮食不可无盐梅,而其美常在咸酸之外。"盖自列其诗之有得于文字之表者二十四韵,恨当时不识其妙。予三复其言而悲之。
>
> 闽人黄子思,庆历、皇祐年间号能文者,予尝闻前辈诵其诗,每得佳句妙语,反复数四,乃识其所谓。信乎表圣之言,美在咸酸之外,可以一唱三叹也。

苏轼把司空图有关诗味咸酸的话,概括为"美在咸酸之外",宋人胡仔的《苕溪渔隐丛话》指出,苏轼此语与司空图原话不同,"盖东坡润色之,其语遂简而当也。"这就是说,司空图的所谓"韵外之致"、"味外之旨",作为一种"醇美"而存在,它不在诗的题材所包含的题旨之内,而在"咸酸之外",也就是在超越题材的悠远的风味中。一首诗只有诗"内味",是不够的,必须有诗"外味",即"韵外之致"、"味外之旨",才有了耐人寻味的意境,才达到了优秀诗的标准。那么怎样才能达到"韵外之致"或"味外之旨"呢?这要从作者的追求和读者的努力两个方面进行。

四、"全美为工"——"韵外之致"的必要条件

司空图在谈论他的"韵外之致"或"味外之旨"时,已注意到这个艺术要求不但是诗人的艺术创造的问题,而且也是读者的解读的问题。读者读诗,不能一味求诗内"文意",还必须于"韵外"、"味外"、"象外"、"景外"去理解诗的言外之余味。这才是真正的"研读"。司空图除了提出"辨于味而后可言诗"的说法外,在《题柳柳州集后序》中又说:"今于华下方得柳诗,味其搜研之致,亦深远矣。"这意思是说,读诗者以自己的审美感受,去体会诗人创造的深远意味。联系他的"象外之象"、"景外之景"的说法,其后一"象"、"景"中也必然有读者的审美想象在内。举例来说,王维的《送别》:

下马饮君酒,问君何所之?
君言不得意,归卧南山陲。
但去莫复问,白云无尽时。

在这首诗中,前四句,给人一览无余的感觉,但正是这前四句为第五、六两句创造了条件,使读者从"白云无尽时"想象出许多诗人未写出的"味外之旨",读者可能想到,世俗世界的一切,都来去匆匆,瞬息即逝,唯有那山中的白云,才是无穷无尽的,它才是你永远的伴侣。也许在你"不得意"之时,还是向白云之乡靠近为好。这是人的一种纯洁的生活方式。

司空图的"韵外之致"或"味外之旨"说,是中国诗学的核心理论——意境说——的重要组成部分,它对后代诗学的影响是持久的。

任何一种有影响的理论,总是把握到了某种真理性的幼芽。尽管当时还只是一种直觉性的感想,但总有一天它会与后来发现的真理"暗合"。司空图的"韵外之致"说就是如此。它在当年还似乎是一种说不清道不明的东西,但现在看来,它与现代心理学的一个流派——格式塔心理学——的基本思想完全是一致的。司空图在《与李生论诗书》中,把自己的"韵外之致"、"味外之旨"说归结为"全美为工",意思是诗要求整体之美,而非像贾岛那样只有个别的"警句"之美,这才能"知味外之旨"。① 这正是格式塔(Gestalt)心理学基本概念所阐明的东西。格式塔心理学最早为奥地利心理学家 C. V. 厄伦费尔斯提出,他于 1890 年提出"格式塔质"(Gestaltqualitat)的设想,其意思是事物的整体大于部分之和,整体是格式塔,格式塔的"绝对刺激值",并不等于其个别部分刺激之和,而是大于它。例如,假定一句乐曲由不同的六个音组成,它作为一个整体超越了六个音的简单相加,它已获得格式塔质,一种音(六个音)外之新质。这一思想着眼于整体,与元素论不同,已被实践证明是有道理的。司空图的"韵外之致"或"味外之旨"实际上也是指"格式塔质",他认为一首诗成功不成功,不在个别的"警句",而在诗的整体("全美"),只要有整体之美,那么就会有大于各句的意思的"味外之旨"、"象外之象"、"景外之

---

① "全美"一般解释为诗的体制完备。我这里把它理解为对一首诗本身的要求,故以"整体的美"解释之。

景",如我们前面所举的王维的《送别》,如果把各个句子孤立起来看,割裂开来看,虽然也会有每个句子限定的意思,但绝不会有新的意味。但若整体地来看,把它看成一个"格式塔",那么其"新质"——"味外之旨"——也就自然显露出来了。所谓"象外之象""景外之景",那后一个"象"、"景",就是诗歌"格式塔"所造成的"新质"。

五、"韵外之致"与读者的审美体验

"韵外之致"、"言外之旨"、"象外之象"、"景外之景"并不存在于实在的文字语言声韵中,而是存在于读者的审美体验中。司空图虽然没有现代读者理论的种种知识,但他的"辨于味而可言诗"的提法中,他知道没有读者的"辨味"活动,所谓"韵外之致"是不可能产生的。

现代的读者理论告诉我们,对一个实在对象的知觉跟对一个审美对象的审美体验是不同的。我们面对一部文学作品,可能有两种完全不同的处理方式,第一种,纯认知的态度,阅读它是为了获得知识,不是为了获得情感的愉悦。在这种情况下,我们可能会从文学作品中得出一些让文学评论家出乎意外的结论来。例如我们把《红楼梦》当作一部真的"百科全书"来读,我们研究林黛玉的病,如果我们有医学知识的话,那么我们就可能发现她得的是肺结核,在18世纪,这种病还没有任何药品可以治愈,进一步我们就会觉得她不适宜于结婚,更进一步就会觉得贾宝玉不应跟她谈恋爱,因为这种婚姻是注定要失败的。在这种纯认知的阅读中,就根本无法谈什么"韵外之致"、"象外之象"、"景外之景"了。第二种,在审美态度下的阅读,阅读是为了获得情感的愉悦,而不是为了获得知识。在这种情况下,我们甚至可以不分文学作品中的"知识"的真与假、不论写实还是想象,重要的是在情感观照中获得美感。例如在上述林黛玉和贾宝玉相恋的例子中,我们看到在那样一种封建礼教的压迫下,他们冲破了思想的罗网,倾心相爱,他们的爱是美丽的;他们的爱虽失败,但他们的爱情悲剧激起了我们的同情、感慨和眼泪,我们获得了一次艺术的享受。然而这种艺术享受,并不是《红楼梦》书本所给予我们的,书本作为纸张和印有文字产品,只是作为手段存在而已。如果没有读者的"辨味"活动,就仍然是死的东西。

波兰著名美学家 R. 英伽登对于读者的认识活动与审美体验的差别曾举过一个例子:"到过巴黎,见过名叫'维纳斯'的那块大理石的人都知道,这块大理石的许多属性不仅不能有助于审美经验,反而会妨碍这种经验的实现。为此我们总是忽略它们。例如'维纳斯'鼻梁上一块污痕,或它的胸脯上可能是由于水的侵蚀而产生的许多粗斑、空穴、水孔,等等,就会有碍于对它的审美感觉。在我们的审美经验中,我们会忽略这块大理石这些特殊的性质,好像根本就没有看到它们。相反,我们似乎看到了它的鼻梁毫无瑕疵,胸脯平滑,所有的洞穴都被填上,还有完好的乳头(实际这乳头已经给毁掉了)等。在我们的'思想'中,甚至在一种特殊知觉的反映中补充了对象的这些细节,使其在给定的条件下有助于造成审美'印象'的最佳条件;更确切地说,我们给我们的审美对象的形状补充的细节使它通过在特定条件下出现的审美价值完全展示出来。"①英加登的结论是:"不管怎么说,以上恰好证明了在这种情况下,人们产生的都不是对一块石头或一个真实的女人的简单知觉,这种简单知觉只是某种特殊的心理活动的基础,这些心理活动最终把我们引向作为审美对象的'维纳斯'。相应地,审美对象就不同于任何实在对象:我们只能说,某些以特殊方式形成的实在对象构成了审美知觉的起点,构成了某些审美对象赖以形成的基础,一种知觉主体采取的恰当态度的基础。"②我们是否也可以说,司空图把诗分成"韵内"与"韵外",对读者而言,也就是把诗分成"实在对象"和"审美对象"。"韵内"的是文字语言声韵及其意思,例如"行到水穷处,坐看云起时"这句诗,十个字,十个音,前后句两两对偶,意思是走到水穷处,再也不能往前走,坐下来看看白云。这是"韵内",也就是实在对象,因此属于认知活动的对象。"韵外"的意味——例如上面这两句诗,让我们体味出一种文字以外的意思,觉得生活之路是不会断绝的,在看起来好像无路可走的地方,又会展现出一条路来,甚至是一条更美好的路,就如陆游后来所写的诗句"山重水复疑无路,柳暗花明又一村"。——这是"韵外",也就是审美对象,因此是审美活动的对象。不难看出,司空图"韵内"与"韵外"之分,实际上是区分了实在对象和审美对象。

更重要的一点是"愚以为辨于味,而后可以言诗也"的表述。这个表述暗含了两种意义:第一,"辨味"才可言诗;第二,"辨意"则不可

---

① 英加登:《审美经验与审美对象》,《当代美学》,光明日报出版社,1996年版,第286页。
② 同上书,第289页。

言诗,"辨味"是审美活动,"辨意"(分辨文字语言的意思)则是认知活动。"辨意"活动面对的是文字语言,只是"辨味"活动的起点,它往往是被限制于某一点上,是确定的,只有在"辨味"活动中,读者面对的是"诗",它已经不被文字语言所限制,它超越了原有的意思,走向诗意的开阔的空间。当然在这里起关键作用的是读者的态度、修养、艺术想象力等。读者"辨味"而非仅仅"辨意",才能形成真正的审美欣赏。这就是司空图"辨于味而后可以言诗"给我们的启示。

司空图的"韵外之致"、"言外之旨"、"象外之象"、"景外之景"理论,核心的思想就是把文学作品看成一种表里相连的虚实相生的结构,这种结构在读者阅读作品中"发酵",从而获得审美对象,产生审美体验。读者在审美阅读中可以自由发挥作品某种东西,也可能忽略作品的某种东西,进入到一种恍惚迷离的意味无穷的艺术世界。

(原载《文艺理论研究》2001年第1期)

严羽诗论诸说

提要 中国的诗歌在唐诗发展到顶峰之后,宋诗的发展面临超越的困难。但宋诗终于形成了"以文字为诗,以才学为诗,以议论为诗"的特点。生活于南宋的诗学家严羽对此提出了批评。他的《沧浪诗话》以禅喻诗,并提出了"别材"说、"别趣"说、"妙悟"说、"入神"说,揭示了诗歌的题材特征、审美本质、创作的直觉心理机制和作品的艺术至境。严羽诗说对宋诗流弊的纠正有一定的理论价值和现实意义。

宋随唐后,宋代诗人所面对的情况是严峻的,甚至可以说是"不幸"的。因为唐代数百年间,中国诗歌已发展到鼎盛时期、巅峰状态。近体诗的形式完全成熟,古体诗更被人所自由运用,唐代诗人如群星灿烂,佳作秀句似百花争艳。在后代人看来,似乎一切感情都被抒发尽了,一切境界都被写得淋漓尽致了,一切艺术手段都被用得炉火纯青了。对于诗歌似乎唐人已无所不包,不给后人留下一点空间。宋代诗人王安石惊呼:"世间好语言,已被老杜道尽,世间俗语言,已被乐天道尽。"①在这种似乎一切都已被唐人"道尽"的情况下,宋代的诗人无不感受到了巨大的压力。宋代诗人和诗学家一直在寻求宋诗的新的出路。综观整个宋代诗学,宋代的诗学家给当时的诗人指出了两条完全不同的诗学路线,一条是以苏轼为代表的所谓"天成"、"自得"、"超然"的路线,它的实质是强调诗歌的创作要表现自己内心的所得,摒除功利得失,以审美的精神,达到自然平淡的境界(苏轼的诗学思想很复杂,这里就主要倾向而言);一条是以黄庭坚为首的"江西诗派"的强调学习唐代诗歌遗产的路线,黄庭坚认为唐代最成功的诗人是杜甫,而杜诗"无一字无来处",因此主张作诗要有"夺胎换骨"的功夫,它的实质是强调诗歌创作要充分吸收前代诗歌的艺术遗产。由于以黄庭坚为代表的"江西诗派"指出了一条"可操作"的学诗、作诗的路线,所以从北宋到南宋长达200年间,许多诗人都受其影响,"加入"到江西诗派的"行列",甚至像优秀诗人陆游、杨万里的早期,也受"江西诗派"的"浸润"。应该看到,"江西诗派"中的确产生了像黄庭坚、陈师道、陈与义等优秀诗人,对宋诗的发展作出了贡献,因此对整个"江西诗派"的评价我们必须十分公允、慎重。但无论在当时还是现在,对"江西诗派"的理论和实践,一直是有争议的。在南宋、金、元朝时期,倾向于苏轼的诗学路线,强调"自得"、"天成"等创作思想,并批评"江西诗派"的理论和作法的,有好几家,如南宋姜夔主张

---

① 见《陈辅之诗话》"清风明月常有光景常新"条。

"独造",金朝的王若虚主张"自得",金、元间的元好问主张"以诚为本",他们都指出"江西诗派"的理论和作法不足取。但真正发挥了苏轼的创作思想,同时又别开生面,从禅家学理上进行有力论争,并在其后引起广泛争议的是严羽。他的批判之所以有力,是由于他针对江西诗派末流的流弊,提出了几种影响较大的诗歌学说。这是他的过人之处,所以他的诗论在身后反对他的人有之,赞赏他的人也有之,影响十分巨大。

严羽,字丹丘,一字仪卿,福建绍武人,自号沧浪逋客。生卒年不甚详。根据有关学者的研究,约生于绍熙三年(1192)左右,卒于理宗淳年间(约1246)前后。① 这是南宋为北方的强敌和内部的纷争所困扰的时期,社会黑暗、人民遭受苦难的时期。严羽的主要著作是《沧浪诗话》,这是宋代一百多部诗话中系统最为严密、理论最为深入、影响也最为巨大的一本诗话。全书分六部分:诗辨、诗体、诗法、诗评、考证,最后还有附录《答出继叔临安吴景仙书》。最有理论价值的是"诗辨"这一部分。

《沧浪诗话》的最大特色是"以禅喻诗"。当然,"以禅喻诗"不是从严羽的《沧浪诗话》开始的。以禅境比喻诗境,从唐代就开始了。如白居易《江楼夜吟元九律诗》:

神鬼闻如泣,鱼龙听似禅。

---

① 参见张少康、刘三富《中国文学理论发展史》下,北京大学出版社,1995.

另外唐代诗僧皎然《答俞校书冬夜》：

月彩散瑶碧，示君禅中境。
真思在杳冥，浮念寄形影。

皎然的《诗式》已开始用一些佛学的概念来解释诗的创作和欣赏。北宋开始流行学诗似参禅的说法。如苏轼《夜直玉堂携李之仪端叔诗百余首读至夜半书其后》：

暂借好诗消永夜，每逢佳处辄参禅。

这明显地是把在欣赏诗的过程中的诗境与禅境作比较。后来吴可就把"参禅"与"学诗"的相似之处更明确地指出来，他的《藏海诗话》有三首《学诗诗》：

学诗浑似学参禅，竹榻蒲团不计年。
直待自家都了得，等闲拈出便超然。

学诗浑似学参禅，头上安头不足传。
跳出少陵窠臼外，丈夫志气本冲天。

学诗浑似学参禅，自古圆成有几联。
春草池塘一句子，惊天动地传至今。

此外作为江西诗派代表的黄庭坚的著作中也有"悟入"、"神会"等说法,也是与禅有关系的。他的学生范温所作的《潜溪诗眼》中也常谈到"悟入",如说:"识文章者,当如禅家有悟门。夫法门百千差别,要须自一转语悟入。如古人文章,直须先悟得一处,乃可通其他妙处。""盖古人之学,各有所得,如禅宗之悟入也,山谷之悟入在韵,故开辟此妙,成一家之学,宜乎取捷径而迳造也。"应该说,上面这些所谓的"参禅"、"悟入"等,都只是认为学诗和参禅都需要领悟,诗与禅之间在方法上有相似之处,并没有把参禅与学诗认真地联系起来谈。

严羽《沧浪诗话》的以禅喻诗与上面这些说法的不同之处在于,严羽不仅仅是把诗境与禅境相似之处作一些比较,也不仅是一般的将学诗与参禅从方法上作一些比较,他的目的是想通过诗与禅的类比,暗示诗的本质与禅的本质的相通,诗的创作与参禅过程的相通。特别是他的以禅喻诗有明确的针对性。并提出了"别材"说、"别趣"说、"兴趣"说和"妙悟"说,揭示宋诗的流弊,同时推进诗学的发展。

一、作为题材论的"别材"说

如前所述,宋代的诗人不管自觉不自觉都面临一个如何学习和超越唐诗的问题。当然宋诗从北宋到南宋的确也形成了一些特色,其中最主要的是以才学、议论入诗,这应该说是宋诗的一个发展,有人对此加以肯定,但严羽对此是持否定态度的,他在《沧浪诗话》中说：

> 近代诸公乃作奇特解会,遂以文字为诗,以才学为诗,以议论为诗。夫岂不工,终非古人之诗也。盖于一唱三叹之音,有所歉焉,且其作多务使事,不问兴致;用字必有来历,押韵必有出处,读之反复终篇,不知着到何在。其末流甚者,叫噪怒张,殊乖忠厚之风,殆以骂詈为诗。诗而至此,可谓一厄也。

在这里,严羽用"以文字为诗,以才学为诗,以议论为诗"三句话作了比较准确的概括,然后指出这种诗歌即使是"工"的,也缺乏"一唱三叹之音",缺乏"兴致",或一味"使事",或"叫噪怒张",失去了诗歌的审美的品格。当然,严羽也肯定宋代诗人向唐代诗人学到了一些东西,而且说"至东坡、山谷始自出己意以为诗"。但这句话是肯定苏、黄,还是贬抑苏、黄,就值得讨论了。实际上,严羽对宋代的以黄庭坚为代表的主流诗派,多采取否定态度。严羽与黄庭坚的分歧,从根本上说,是在诗为何物,即诗的本质特征是什么问题上的分歧。严羽的思想超越了"诗言志"、"诗缘情"的传统,他显然认为在"志"和"情"这两个字上找不到诗与非诗的区别,找不到文学与非文学的区别。在严羽看来,在"言志"、"缘情"上面很难找到诗之为诗的标志。而宋诗的发展则又进一步把"言志"、"缘情"泛化,"以文字为诗,以才学为诗,以议论为诗",尤其是"江西诗派"的末流,更只在前人的书本中乞讨,就完全失去诗的本旨,也就更进一步模糊了诗与非诗的界线。严羽针对这个情况,在《沧浪诗话》中提出了"别材"说和"别趣"

说:

> 夫诗有别材,非关书也;诗有别趣,非关理也。然非多读书,多穷理,则不能极其至。所谓不涉理路,不落言筌者,上也。诗者,吟咏情性也。盛唐诸人惟在兴趣,羚羊挂角,无迹可求。故其妙处透彻玲珑,不可凑泊,如空中之音,相中之色,水中之月,镜中之象,言有尽而意无穷。

严羽在这一段话中,首先提出了"诗有别材"的论点。关于"别材"说,历来有两种不同的解释。

第一种,把"别材"的"材"理解为"才"。按这种理解,"别材"的意思是诗人是有特殊才能的人。诗人与学者是有根本区别的。诗歌吟咏情性,情性中有诗情画意者,就可能成为诗人。如果情性中无诗情画意者,他可能读很多书,对问题有很多见解,他可能成为一个学者,却断不可能成为一个诗人。虽然,诗人读书也是有益的,但读书、学问不是诗人的最基本的条件。严羽在《沧浪诗话》中举了一个很有说服力的例子,孟浩然"学力下韩退之远甚,而其诗独出退之之上"。原因是孟浩然的学问不如韩愈,但他作为诗人的独特的才能超过韩愈,所以孟浩然的诗超过韩愈。宋代人的诗,特别是江西诗派的诗过于重视用典,把古代的文、史、哲等著作的知识大量纳入诗里面来,主张"无一字无来处",以学问为诗。这在严羽看来,就没有把诗人应有特殊的才能这一点搞清楚。严羽心目中的诗不是学问的堆砌,是诗人情性的流露,情性中若没有艺术的种子,即没有艺术的才分,学识再多也没有用。

尽管这第一种解释是有道理的,但我还是倾向于第二种解释。即认为"别材"的"材"就是"材料"、对象、题材。"别材"说的意思是,诗在取材上别有要求,既非一般的"言"、"情",更非"文字"、"才学"和"议论"。在严羽看来,宋诗之所以不如唐诗,尤其是不如盛唐诗歌,根本的原因在于宋诗在取材上出了问题。严羽说"诗有别材,非关书也","书"在古人的概念中,是指"经"、"史"、"子"、"集",范围十分广阔,包括了政治、哲学、历史、文学,等等。严羽显然认为"书"与"理"相关,既"涉理路",又"落言筌",不是从人的活的情性中来,把"书"或"理"作为诗的对象是背离了"诗者,吟咏情性"的旨义。严羽的"别材"说显然是有针对性的,他显然是针对黄庭坚如下极有影响的话:

> 老杜作诗,退之作文,无一字无来处;盖后人读书少,故谓韩杜自作耳。古之为文章者,其能陶冶万物,虽取古人之陈言,入于翰墨,如灵丹一粒,点铁成金也。①

这段在当时曾激动过多少诗人、推动过宋诗发展的话,在严羽的眼中,正是导致宋诗不如唐诗的一个重要原因。特别是黄庭坚认为杜诗韩文"无一字无来处"的说法,无异于引导诗人一味到古人的书本里"讨生活",在诗歌里面卖弄学问,把"书"(而不是把自己的切身感受)作为诗歌的源泉,使诗歌里充塞了古人书本的陈言死句,这岂

---

① 四部丛刊本《豫章黄先生文集》第 19 卷,第 204 页。

不背离了诗歌的真义?所以严羽讲"诗有别材,非关书也",实际上是提出了一个十分重要的诗学命题:诗歌有没有自己的独特的对象?哪些可写,哪些不可写?而且作出自己的回答:诗歌应该写活的、可以一唱三叹的人的情性,诗歌不应该写古人书中的陈词滥调。但严羽又没有否定诗人应该读书,他说"非多读书,多穷理,则不能极其至",这意思是把读书作为加强诗人的修养的条件,多读书、多穷理,正是为了挣脱"书"与"理"的束缚,涵养人的真实情性,所以"别材"又有待于读书而达到极致。

严羽的"别材"说,后来遭到不少封建卫道士的攻击,认为严羽反对诗人读书,认为他主"俗"反"雅"、主"鄙"反"典",说什么"天下惟雅须学而俗不必学,惟典则须学而鄙不必学……",甚至斥责他"欺诳天下后生",等等。[1] 后来的一些儒生这样攻击他,主要是因为严羽的诗学理论"伤害"了儒家的"诗言志"的传统。实际上,严羽的诗歌"别材"说,至今仍有它的现实意义。不但是诗歌,而且整个的文学,都有其独特的对象(即"别材"),文学与其他的人文学科的对象都是人。但当我们试图分析文学与其他的人文学科的区别时,那么我们就会发现,文学与其他具体学科的区别,并不像俄国文学批评家别林斯基所说的那样:"艺术和科学""之间的差别根本不在内容,而在处理内容时所用的方法。哲学家用三段论法,诗人则用形象和图画说话,然而他们所说的都是同一件事"[2]。如严羽所说的那样,诗有"别材",

---

[1] 参见郭绍虞《沧浪诗话校释》,人民文学出版社,1962年,第29~30页。
[2] 《别林斯基选集》第2卷,上海译文出版社,1979年版,第429页。

非关学问。诗有自身的独特对象,否则,诗歌的独立存在就没有根据。

二、作为诗歌本质论的"别趣"说

严羽在提出"别材"说的同时,又提出了"别趣"说,这实际上提出了诗歌的本质与义理是不是有关系?这更是一个尖锐的问题。儒家的诗教是"发乎情,止乎礼义"①,或者用白居易的话来说:"诗者,根情,苗言,华声,实义。"②重要的是果实,所以情、言、声只是工具,最后的作为果实的"义",才是诗之根本所在,或者说诗是政治谏书的感性的补充而已。宋代许多诗人更把这一点看得很重,宋诗最主要的代表苏轼虽然在创作思想上主张"天成"、"平淡"等,但其诗就常常以议论时政入诗,后来酿成了著名的"乌台诗案",就是一个有力的证明。在严羽看来,诗的特征不在与义理、时政的联系上,他提出"别趣"说,是说"诗有别趣,非关理也"。"义理"不能构成诗,诗的特征在于它要有"兴趣"。当然,如前所说,严羽在提出他的"别材"、"别趣"说时也说:"然非多读书,多穷理,则不能极其至"。他还是主张诗人要多读书、多穷理的,因为读书、穷理是诗人的必要修养。诗人若善于选取符合诗歌的特殊材料,再加上完全被吸收了的、变成了自己的血肉的知识,那么在诗人的感性的艺术的表现中就会有理性的升华,诗人的高翔的翅膀就能飞得更高,诗就能达到理想的境地。

---

① 《诗大序》。
② 白居易:《与元九书》。

那么作为诗的本质的"别趣"又是什么呢？严羽认为盛唐诗人之所以创作出那么优秀的诗篇，因为"盛唐诗人惟在兴趣"。严羽用一系列的微妙而模糊的禅家词语来说明"兴趣"："羚羊挂角，无迹可寻。故其妙处透彻玲珑，不可凑泊，如空中之音，相中之色，水中之月，镜中之象，言有尽而意无穷。"这些话大多只可意会，不可言传。"羚羊挂角，无迹可寻"，据说，羚羊夜间，将角挂在树枝上，身悬空中，即使有什么凶猛的野兽来，也因寻找不到它的踪迹，而不能伤害它。《传灯录》卷十六引义存禅师语："我若东道西道，汝则寻言逐句；我若羚羊挂角，你向什么处扪摸？"又卷十七引道膺禅师语："如好猎狗，只能寻得有踪迹底，忽遇羚羊挂角，莫道迹，气亦不识。"严羽借此说明"兴趣"非墨迹文字可求的特征。"故其妙处"以下6句，也是借用禅家语来说明"兴趣"的可以目睹而不可求实的特征。"凑泊"就是聚会、凝聚、会合之义，"不可凑泊"也就是不可会合。因为"兴趣"像"空中之音，相中之色，水中之月，镜中之象"，都是可以看见，却不可实在的把握，所以是无法会合在一起的，你可以目睹它、意会它、感叹它，但你无法用确切的语言"落实"它、"确定"它、"砸死"它。总而言之，"兴趣"是"言有尽而意无穷"的一种诗的境界。这与司空图所引戴容州的话——"诗家之景，如蓝田日暖，良玉生烟，可望而不可置于眉睫之前也"——在意思上是一致的。这样我们也就可以了解严羽的思想：诗的本质特征是审美的，而不是知识的，所以他说诗"非关理"也。如果我们将他的思想发挥一下，那么可以说，诗人的审美眼光，是不看他掌握的知识、义理有多少，而看他是不是在很平凡的事物里有自己的新鲜的"看法"或"想法"，例如，白居易16岁所写的《赋得古原草送别》,无论就全诗看,还是其中的"野火烧不尽,春风吹又生"的名句看,都比他在 40 岁左右时所写的《轻肥》、《卖炭翁》等"新乐府"、"秦中吟"系列更合乎诗的审美本质特征。因为前者有"兴趣",言有尽而意无穷,而后者则有明确的理念,主要是关于"理"的,虽有形象,可那形象不但太实在,而且是作为"理"的附属品。

"别材"、"别趣"说是严羽诗歌理论的核心,他就从这个基本的观念出发来讨论各种诗学问题。

三、作为诗歌创作论的"妙悟"说

在诗歌创作论上,严羽还是以禅为喻,把"别材""别趣"说推到诗歌的创作上面,提出了"妙悟"说。其在《沧浪诗话·诗辨》中说:

> 禅家者流,乘有大小,宗有南北,道有邪正;学者须从最上乘,具正法眼,悟第一义。若小乘禅,声闻辟支果,皆非正也。论诗如论禅:汉、魏、晋与盛唐之诗,则第一义也。大历以还之诗,则小乘禅也,已落第二义矣。晚唐之诗,则声闻辟支果也。学汉、魏、晋与盛唐诗者,临济下也。学大历以还之诗者,曹洞下也。大抵禅道惟在妙悟,诗道亦在妙悟。且孟襄阳学力下韩退之远甚,而其诗独出退之之上者,一味妙悟而已。惟悟乃为当行,乃为本色。然悟有浅深,有分限,有透彻之悟,有但得一知半解之悟。

诗歌的创作问题在宋代成为一个热门问题，特别是以黄庭坚为代表的江西诗派讲究"法度"，讲究"无一字来处"等，这种理论的根本在于，强调在诗的创作中，"知性"是主要的，而"知性"是可以在读书过程中积累的。这就给人一个感觉，只要努力读书，无人不可成为诗人。严羽的"妙悟"论就主要是针对江西派的论点而发的。他把诗与禅进行类比，说"大抵禅道惟在妙悟，诗道亦在妙悟"。也就是说，严羽主要就"妙悟"这一层面把诗的创作与参禅作了类比，并不是在禅与诗的一切层面进行类比。过去有人批评严羽对禅根本就不懂，因为禅是与语言无关的，而诗则最终要落实到文字上，诗与禅完全不是一回事。这种批评没有分清严羽是在一定的层次上把诗与禅进行类比的，他并没有把诗与禅的一切方面都等同起来。

在诗歌创作论上，严羽认为参禅是"妙悟"，而作诗也须"妙悟"。那么"妙悟"是什么样的心理机制呢？用我们今天的话来说就是"直觉"。直觉是无需知识的直接帮助的，无需经过逻辑推理而对事物的本质作直接的领悟。直觉是通过最朴素的方式达到最玄妙的境界。一旦有知性的介入，就有了"知性"的障碍，那就不是直觉了。严羽用禅学的语言，把这诗与禅共同拥有的"妙悟"称为"具正法眼"者，是"第一义"之悟，是"透彻之悟"。所谓"正法眼"，即"正法眼藏"，又名"清净法眼"，泛指佛教的正法。《五灯会元》卷一："世尊在灵山会上拈花示众，是时众皆默然，唯迦叶尊者破颜微笑。世尊曰：'吾有正法眼藏付嘱摩诃迦叶'。"严羽把"正法眼"用到此处，是说诗歌要求的妙悟是像禅宗那样的真正的"悟"。所谓"第一义"、"第二义"、"声闻辟支果"，也是佛学用语。第一义，即第一义谛，又名真谛，胜义谛，指佛理;第二义,即第二义谛,世欲谛,指世俗之理;声闻、辟支果,意为听佛陀言教而觉悟者。声闻的极境,是达到自身的解脱,修得阿罗汉。辟支,即缘觉,亦作独觉,意为"自以智慧得道"。在严羽看来,第一义的觉悟是最高的觉悟,其次为第二义,再次为声闻、辟支,这里觉悟有高下之分。严羽推崇汉、魏、盛唐诗歌,认为是第一义,是诗的极境。他认为晚唐和宋代的诗已落到"声闻"、"辟支"这些较下的等级。那么他这样说究竟是什么意思呢?他在《沧浪诗话·诗评》中恰好有一段话解释他的说法:

> 诗有词理意兴。南朝人尚词而病于理;本朝人尚理而病于意兴;唐人尚意兴而理在其中;汉魏之诗,词理意兴,无迹可求。

在这里,严羽把诗歌分为词、理、意兴三个因素,他认为这三个因素完全融合为一是最好的。如汉魏之诗,天然浑成,分不清哪是词,哪是理,哪是意兴,朴拙中一切都在其中,这种诗歌是生活本身的延伸,无须借助于悟;盛唐诗歌"尚意兴而理在其中",也是把三个因素融合为一,这是经过人工的努力却达到了天然浑成的境界,所谓"但见情性,不睹文字","有血痕,无墨痕"。这就是"第一义"之作。或者可以说,汉魏人无须悟,即达到极致;盛唐人的诗则是真妙悟,"彻底之悟"。南朝人"尚词而病于理",即专在词句上下功夫,整体的意兴则缺乏,这只能得到个别的佳句,是"小"妙悟;本朝人诗则与南朝人诗相反,是"尚理而病于意兴",也就是说有理趣,但缺少具体的生动的形象,缺少审美的魅力,也是"小"妙悟,同晚唐一样,这是"一知半解之悟",不是"彻底之悟",已"堕野狐外道鬼窟中"(《沧浪诗话·诗评》)。也就是说,晚唐人、宋人都没有真妙悟,在诗歌创作上所得甚少。严羽对晚唐和宋代诗歌的评价是不是公允,这是可以讨论的,不能由他一人说了算,但从他对不同时代诗歌的评价中,特别是他要求词理意兴融合为一,要求真正的妙悟中,可看出他对诗歌创作的独到的见解,是值得认真对待的。说到底,他的"词理意兴"合一论,"妙悟"论,就是我们今天所讲的审美整体论,是有它的理论价值的。

特别值得指出的是,他认为"妙悟"就是诗歌的"当行"、"本色",诗人仅靠知识的拼凑是不行的,要"一味妙悟"。这就说明了诗歌创造是审美的创造,要以艺术直觉为主,要从生活中领悟那些富于诗意的成分,或者说要诗意地领悟生活,不能只是一般地认识生活,这不能不说在很大程度上揭示了诗歌创作的特殊性。同时对宋代诗歌创作中那种"以文字为诗,以才学为诗,以议论为诗"的倾向,具有纠偏的作用。

那么如何才能获得"妙悟"的能力呢?在这个问题上,严羽提出了"以识为主"、"熟参"等观点:

> 夫学诗者以识为主,入门须正,立志须高;以汉、魏、晋、盛唐为师,不作开元、天宝以下人物……工夫须从上做下,不可从下做上。先须熟读《楚词》,朝夕讽咏以为之本;及读《古诗十九首》,乐府四篇,李陵、苏武、汉、魏五言皆须熟读,即以李、杜二集枕藉观之,如今人之治经,然后博取盛唐名家,酝酿胸中,久之自然悟入……诗道如是也。若以为不然,则是见诗之不广,参诗之

不熟耳。

这里所说的"识",也是佛学用语,本是指破除世俗之迷障,认识永恒宗教的精神本体的神秘能力。严羽以"识"来论诗,意思大致相当于我们今天所说的审美鉴赏力,要鉴别诗歌品味的高下。因此学诗的功夫要从品味高的学起,也就是从上做下,不可从下做上。具体来说就是要"参读"高品味的诗歌。不但要"参读",而且还要"熟参"。对盛唐的代表李、杜更应熟参,这样"博取盛唐名家,酝酿胸中,久之自然悟入"。江西诗派也主张要熟读杜甫等人的诗,严羽的"熟参"不是与江西派的主张一样吗?就熟读这一点说,的确并没有什么不同,不同之处在江西诗派主要是从文字上学习,严羽则不主张从文字上学,而是要像"参禅"那样(参禅参的是禅机),通过对前代诗歌的思虑揣摩,"参"出文字之外的那种神秘的诗歌创作的规律。所以,严羽虽然也是学习前人,但其学习的目的更为玄妙。那么,在获得"妙悟"的能力后,在诗歌创作中要达到怎样的目标呢?严羽在这个问题上又提出了"入神"说。

  诗之极致有一,曰入神。诗而入神,至矣,尽矣,蔑以加矣!惟李、杜得之。他人得之盖寡也。

《易·系辞上》注:"神也者,变化之极。妙万物而言,不可形诘者也。"严羽所讲的"入神"是作为诗歌的极致提出来的,通过妙悟的能力,最后要达到这个最高的目标:"入神"。实际上他所说的"入神",

就是精妙到不可言传。要达到这一目标是不容易的,只有像李白、杜甫才达到这种境界。但学诗的人就要取法乎上,以此为目标,也许能得到较好的结果,所谓"学其上,仅得其中;学其中,斯为下矣"(《沧浪诗话·诗辨》)。

总的来看,严羽的诗学思想强调诗的审美特性和创作中直觉的作用,有相当的理论价值。他的理论在后来遭到那么多人的非议,是因为那些人坚持儒家的"诗言志"的教化传统,而严羽的理论恰好脱离了儒家的教化传统,所以有人站在儒家的立场上来批评他,是不足怪的。当然,严羽的理论不是没有问题,他在注意诗歌的独特对象、审美本质和创作的直觉性的时候,只强调以盛唐诗人为师,以自己的情性为师,而没有考虑如何以生活为师,在这一点上,他不如陆游,也不如杨万里。但我认为严羽的诗学思想并不是唯心主义的。

(原载《北京师范大学学报》1997年第2期)

"意境"说六种及其申说

提要:从古人的论述和今人的研究中,述评了六种"意境"说。指出这六种"意境"说的合理性和缺憾。本文认为意境是人的生命力开辟的、寓含人生哲学意味的、情景交融的、具有张力的诗意空间。这种诗意空间是在有读者参与下创造出来的。它是抒情型文学作品的审美理想。"生命力"的活跃是意境的基本美学内容。

抒情型的文学在人类文学中占有重要地位。尤其是在中国古代,抒情诗成为文学园地里最芬芳的花朵。抒情型文学的审美理想是什么呢?中国古人提出了"意境"这个范畴。鉴于目前论述意境的文章和著作很多,各种意见都有一定的道理,但又都似乎缺少点什么,所以这里我们将主要讨论三个问题:第一,意境的概念提出于何时?从词义学的角度看,意境是意与境的结合,还是意之境?第二,到目前为止意境的解释有几说,各说有何长处又有何不足?第三,意境作为抒情型文学的理想其基本美学内涵是什么?

一、"意境"是"意之境"

意境的始基在先秦道家的"体道"的境界。道家的创始人老子和庄子也生活于周朝衰落的"礼崩乐坏"时期,社会混乱,为治理社会,提出治理的方略,出现了百家争鸣的局面。道家认为,"道"是"物之初",是宇宙的本体,社会要得到治理,人生要获得自由,就必须"体道"。"体道"是一种很高的境界,要进入"虚静"、"无己"、"心斋"、"坐忘"等心理状态。可见最早的意境基本上是一种人生哲学。到了魏晋六朝时期,刘勰把哲学的命题转为文学理论命题。他的《文心雕龙·隐秀》篇是文学意境说的雏形,所谓"义主文外"、"文外之重旨",直接启示了司空图的"韵外之致"说、"象外之意"说。但明确提出"意境"概念的则是唐代的王昌龄,他在《诗格》的著作中提出"三境"说。他认为:诗有三境,即"物境"、"情境"和"意境"。在不少关于意境的研究中,认为物境是"物"与"境"的结合,情境是"情"与"境"的结合,意境是"意"与"境"的结合,"意"就是主观的情思,"境"就是客观的景物,"意境"就是主客观的结合,"意"与"境"这两者是一种平列的结构,"意境的美学特征在于意与境二者的浑然融彻,具体地说,它表现为主观和客观的契合无间、艺术形象的情景交融"。这种说法,长时间流行,被看作是意境的不刊之论。实际上这种主、客二分的说法只是概括了一般的艺术形象的特征,完全没有切入到意境的特殊内涵,这可能与宋代普闻在《诗论》中的说法有关。他说："天下之诗,莫出于两句:一曰意句,二曰境句。境句易琢,意句难制。境句人皆得之,独意句不得其妙者,盖不知其旨也。"这种说法把"意"与"境"分得过分清楚,太机械。似乎"境"就是纯粹的景物摹写,"境"可以无情意的渗入,这显然是不妥的。影响所及,人们把意境看成是意与境平列相加,就更不妥了。

在唐宋时期,人们谈"境",在"境"的前面加上一些修饰语,是极为普通的事。如唐代殷璠说王维的诗:"一字一句,皆出常境。"(《河岳英灵集》)唐代高仲武也说:"如'远水浮仙棹,寒星伴使车',盖五言之佳境也。"(《中兴间气集》卷下)韩愈也说:"文工画妙各臻极,异境恍惚移于斯。"(《桃源图》)这说明如同"常境"是平常的"境","佳境"是佳妙的境,"异境"是不同寻常的境一样,"意境"就是意之境,它们都是偏正结构,不是对等的并列结构,意境不是意与境相加,不是一般的主观与客观的统一。按《说文》的解释,"境"是指时间中止之处,后来引申为空间中止之处,如至今我们还用"边境"这个概念,再往后引申为精神达到的高度,这就是精神境界,再往后引申为艺术境界,这就是意境。意境从词义上说,就是意之境,意思是诗意情感疆界的无限的绵延、扩张的艺术效应。我们之所以首先要从词的结构和词义上厘清"意境"的含义,目的是不把意境当作一般的艺术形象来讨论,一般的艺术形象可以说是主观与客观的统一、心与物的统一、情思与景物的统一,但意境不仅仅是这些统一,它作为抒情型的审美理想,是有独特的审美内涵的。

二、对六种意境说的简略述评

意境思想的提出已经有一千多年,也讨论了一千多年。近20年来讨论的文章不可胜数,但人们在讨论意境问题时,往往从一个或两个角度出发进行解说,没有把意境理解为一个复合的结构,这样尽管文章很多,却没有完全把握住意境的主要的美学内涵。这是令人遗憾的。那么,究竟对意境有哪些解说呢?根据已有的研究大体可以概括为以下六种:

(一)情景交融说

这主要是吸收明清两代的理论资源所形成的看法。"情景交融"论从宋代提出,到明清时期在诗论、词论、画论、戏曲论中触目可见。特别是到了明代的谢榛、清初的王夫之和其后的李渔那里,几乎把话说尽。可以说"情景"论到他们那里完全成熟。"情景"论主要是解说诗歌形象的构成要素。如谢榛说:"景乃诗之媒,情乃诗之胚,合而成诗。"(《四溟诗话》)又如王国维说:"文学中有二原质焉:曰景,曰情。"(《文学小言》)这里谈的仅是诗的构成要素,文学的构成要素,但后来有不少文论家把它移来解说"意境",把"情景交融"看成意境的主要规定。如明人江进之在《雪涛小书》中说:"白香山诗,不求工,只是好做。然香山自有香山之工,前不照古人样,后不照来者议。意到笔随,景到意随,世间一切都着并包囊括入我诗内。诗之境界,到白公不知开拓多少。"这里认为境界主要是"意"与"景"的相随相伴。

清初画家布颜图在《画学心法问答》中,更明确提出意境即情景交融,他在回答"笔墨情景何者为先"的问题时说:"情景者境界也。"晚清王国维在《宋元戏曲考》中,明确提出"意境"概念,并认为"写情则沁人心脾,写景则豁人耳目,述事则如其口出",那就是"意境"。在现当代,把意境解说为"情景交融",成为一种流行的学术观点,如著名画家李可染说:"画山水最重要的问题就是'意境',意境是山水画的灵魂。""什么是意境?我认为,意境就是景与情的结合;写景就是写情。山水画不是地理、自然环境的说明和图解,不用说,它当然要求包括自然地理的准确性,但更重要的还是表现人对自然的思想感情,见景生情,景与情要结合。"①这种用"情景交融"说注释意境的作法一直延续到20世纪八九十年代,如曾祖荫教授出版于80年代的《中国古代美学范畴》一书中说:"意境的美学特征在于意与境二者的浑然融彻,具体地说,它表现为主观和客观的契合无间、艺术形象的情景交融"。②

　　我们应该如何来看待这种观点呢?毋庸怀疑,抒情作品的意境当然是要以作品中的景与情的描写作为基础的,尤其是"情景交融"使意境的生成有了"实在"的基础,离开这个基础来谈"意境"当然是奢谈,是悬空之论。但是,我们要问的是,既然意境就是情景交融,或者等于情景交融,那么我们在有了"情景"论之后为什么还要"意境"论呢?同是一个东西,故意给予两个命名是必要的吗?如果不是意

---

① 李可染:《漫谈山水画》,《美术》,1959年第5期。
② 曾祖荫:《中国古代美学范畴》,华中工学院出版社,第287页。

境论有比"情景"论更丰富深厚的审美内容,我们为何还要强调意境论呢?特别在谢榛、王夫之、李渔等已经把情景论推到成熟的地步之后,似乎意境论就更没有必要了。看来,我们只能说,"情景交融"只是揭示了艺术形象的一般特征,"情景交融"说只是在艺术形象层面来谈意境生成的初步基础,企图以"情景交融"来规定意境应有的美学内涵,不能不说还有很长的距离。

(二)"诗画一体"说

宋元时期是山水画大发展的时期。画论与诗论结合也时常可见。这时候出现的一个观点就是"诗画一体"论。苏轼明确提出:"诗画本一律,天工与清新"(《书鄢陵王主簿所画折枝》二首之一)苏轼还特别提到王维的诗与画,说:"味摩诘之诗,诗中有画;观摩诘之画,画中有诗。诗曰:'蓝溪白石出,玉川红叶稀。山路元无雨,空翠湿人衣。'"(《书摩诘蓝田烟雨图》)此后这种"诗是无形画,画是有形诗"的观点层出不穷。山水画的特点就要讲究空间上的虚实、远近等。后来的人就借用诗画关系的理论来解说意境。如清人笪重光说:"空本难图,实景清而空景现;神无可绘,真境逼而神境生。位置相戾,有画处多属赘疣;虚实相生,无画处皆成妙境。"(《画筌》)这意思是在空间上虚实相生,就会使画的"有限"延伸出"无限"来,这就是有意境。现当代学者取这一视角去解释意境的人也不少。例如宗白华教授就是非常重视意境的空间意识的学者。他说:

中国人于有限中见到无限,又于无限中回归有限。他的意趣不是一往不返,而是回旋往复的。唐代诗人王维的名句云:"行到水穷处,坐看云起时。"韦庄诗云:"去雁数行天际没,孤云一点静中生。"储光羲的诗句云:"落日等高屿,悠然望远山,溪流碧水去,云带清阴还。"以及杜甫的诗句:"水流心不竞,云在意俱迟。"都是写出这"目既往还,心亦吐纳,情往似赠,兴来如答"的精神意趣。①

宗白华在此所说的"意趣"实际上就是他理解中的意境。因为下文分析杜甫那句诗时,他就用了"境界"一词。他从中国画出发所理解的意境就是在有限空间中看到无限,又从无限空间中看到有限。

蒲震元教授《萧萧数叶满堂风雨——试论虚实相生与意境的构成》一文,也是从绘画空间转换的角度来解说意境的。他说:"意境的形成是基于诸种艺术因素虚实相生的辩证法则。所谓意境,应该是指特定的艺术形象(实)和它所表现的艺术情趣、艺术气氛以及可能触发的丰富联想形象(虚)的总和。"②虚实相生在绘画中明显是一个空间意识问题,在诗的意境里,的确写的是"萧萧数叶",但其效果却是"满堂风雨",有限中达到无限。另一作者谭德晶在《意境新论》中把意境中的空间问题提得更明确,他从宋元以来的画论出发,认为:"意境当然是由个别的意象形成的,但是又并不是所有的意象都能形

---

① 宗白华:《中国诗画中所表现的空间意识》,《美学散步》,上海人民出版社,1981年版,第95页。
② 蒲震元:《萧萧数叶满堂风雨——试论虚实相生与意境的构成》,《文艺研究》,1983年第1期。

成意境。在意象中,只有那些能形成完整连续空间的意象才形成意境。"①在艺术空间中,他强调只有整体的连续的空间,才会有意境。应该说,从艺术空间的角度,以虚实相生的理论,来解释意境,是有效的。这个角度的解释当然还可进一步发挥。但是这一理论如果过于单一,也是有问题的。就是说,虚实相生的问题,也是各门艺术普遍的问题,是各门艺术共同的特性,如果我们不能更紧紧地抓住抒情文学主要是通过语言来抒情这一特点,仅从虚实相生的角度来解说意境,也还是比较勉强的。诚如谭德晶所说:"完整连续的空间只是意境的基础,不能说有了完整连续的空间就有了意境。除了这个空间性之外,还必须有空间中有情绪的弥漫充溢。"②他的话是说得不错的。

(三)境生"象外"说

唐代的诗歌特别是律诗发展到一个高峰,无论诗人之多,诗歌成就之高都是空前绝后的。唐代诗论最重要的成果之一,就是提出意境说,发展了"象外"说,并把意境说与"象外"说联系起来思考。即认为意境的主要规定是"象外之象"、"景外之景"、"韵外之致"、"言外之意",反过来又用有没有意境来规定"象外",两者互释。刘禹锡说:"境生于象外"(《董市武陵集记》),这可以说是以"象外"说解说意境最早最简洁的尝试。在刘禹锡看来,意境有两个层面,一层是作者要

---

① 谭德晶:《意境新论》,《文艺研究》,1993 年第 6 期。
② 同上书。

表现的诗情画意,他认为这就是"境";另一层就是语象,即文字描写的形象,他认为这是"象"。这两个层次的关系是"境生于象外","境"在深层,人们不能见到,要通过语象的描写,在语象的浅层之外才能追寻到。司空图也是从实境与虚境的联系中来把握意境,"实境"是他的《诗品》中的一品:"清涧之曲,碧松之阴,一客荷樵,一客听琴。"真是"语语如在目前"。那么虚境是什么呢?就是他认为"岂容易可谭哉"的"诗家之景",即"如蓝田日暖,良玉生烟,可望而不可置于眉睫之前"的"象外之象、景外之景"。他认为意境就在实境与虚境的联系中,特别要于"象外"去寻找。

现当代学人利用唐代的"象外"说来解释艺术意境,成为一种学术时尚,到处可见。如较有代表性的是叶朗教授的解说:"到了唐代,在禅宗思想的推动下,'意境'的理论就诞生了。什么是'意境'呢?刘禹锡有句话:'境生于象外。'这可以看作是对于'意境'这个范畴最简明的规定。'境'是对于在时间和空间上有限的'象'的突破。'境'当然也是'象',但它是在时间和空间上都趋向于无限的'象',也就是中国古代艺术家常说的'象外之象'、'景外之景'。'境'是'象'和'象'外虚空的统一。中国古典美学认为,只有这种'象外之象'——'境',才能体现那个作为宇宙的本体和生命的'道'('气')。"①意境诞生于唐代,运用唐代的主要诗学观点"象外"说,来解说意境,可能是诸说中理由最充分的。但是用"象外"说来解释"意境"也不是没有

---

① 叶朗:《说意境》,《胸中之竹》,安徽教育出版社,1998年版,第54~55页。

问题。关键之点是,"象外之象",这并非抒情诗本身的某个成分,而是一种艺术效应。既然是一种艺术效应,那么离开读者的阅读和接受,所谓的"象外之象"就无从谈起。我们只能说"象外之象"是读者与作者对话的产物,所以如果要以"象外"说解说意境,就还需要读者接受的角度的配合。

(四)"生气远出"说

"气"的概念是先秦以来的一个原始范畴。后人看到意境必须是生气灌注的,于是移"气"来解释"意境"。司空图在《诗品·精神》中说:"生气远出,不着死灰,妙造自然,伊谁与裁?"郭绍虞教授在《诗品集解》中说:"生气,活气也,活泼泼地、生气充沛,则精神迸露纸上,……有生气而无死气,则自然精神。"意境最重要的特征,就是要"生气远出"或"气韵生动",只有这样才能感染人。所以宗白华在引了蔡小石在《拜石山房词》序所引别人的话"始境,情胜也,又境,气胜也。终胜,格胜也"之后说:"'气'是'生气远出'的生命",他的意思是意境的一个重要条件是"生命力的活跃"。[①] 从"气"和"生命力"的角度来解释意境,也还有一些论文,发表了很好的意见,但总的看这是解释意境的一个薄弱的环节,有待加深。当然,仅从这一角度解释意境又可能以偏概全,所以又必须与别的角度的解释互相配合。

[①] 宗白华:《中国艺术意境之诞生》,《美学散步》,上海人民出版社,1981年版,第63～64页。

（五）哲学意蕴说

中国先秦的"道"论,有深刻的学术影响。"道"家的"道"与后来佛教、禅宗结合影响尤其大。文学领域提出"原道"主张,也根深蒂固。这样后人就又引"道"论来解释"意境",力图说明意境中所谓"象外"、"意外",其实就是一种形而上的意味。宋代严羽在《沧浪诗话》中以禅论诗,提出"诗者,吟咏情性也。盛唐诸人唯在兴趣,羚羊挂角,无迹可求。故其妙处透彻玲珑,不可凑泊,如空中之音,相中之色,水中之月,镜中之象,言有尽而意无穷。"其意思也含有用他的兴趣说解释意境说的意思。现当代从这一角度着眼的论文还不是很多。其中叶朗教授的说法值得注意:"'意境'的'意'不是一般的'意',而是'道'的体现。所谓'意境',就是在感性的(形而下的)日常生活和生命现象中,直接呈现某种形而上的意味。这是'意境'不同于一般艺术的特点。"他认为"象外之象所蕴含的人生感、历史感、宇宙感的意蕴,就是意境的特殊规定性。"[①]从这一角度解释意境,是基于意境必定是"言有尽而意无穷"的,那么这无穷的"意"是什么呢?在许多有意境的诗中,那"意"往往是形而上的哲学意蕴,所以从这一角度解释意境是合理的。但很明显这种解释不能孤立进行,如果不与别的角度的解释相结合,是不可能揭示意境的奥秘的。

---

① 叶朗:《说意境》,《胸中之竹》,安徽教育出版社,1998年版,第55～57页。

（六）对话交流说

先秦的孟子开始提出"以意逆志"说，汉代的董仲舒提出"诗无达诂"说，至明代的钟惺提出"诗为活物"说，到王夫之提出"作者以一致之思，读者各以其情而自得"的理论，中国古代的文学接受思想趋于成熟。这些思想与西方现代的接受美学相结合，形成了解说意境的又一重要视角。如前所述，在一般的眼中，意境的最本质的规定在于"象外之象，景外之景"，"言有尽而意无穷"，是"弦外之音"、"味外之旨"、"韵外之致"，那么这"象外"、"景外"、"弦外"、"味外"、"韵外"的东西，是独立于接受主体之外文学作品本身所具有的，还是在与接受者的对话交流中产生的？这的确是一个问题。

这样，有的学者就转而从文学接受的角度来探讨意境的特征。如陶东风教授提出："意境作为文艺作品的美感效应（而非作品的存在形态）是作品与接受者共同创建的，在接受过程也只能在接受过程中才能产生的，意境是一个变量，而不是定量，同一部作品见之于不同的接受主体其意境的形态或产生的方式、实现的程度都千差万别。"① "文艺作品就其本身的存在方式而言无非是一些符号——'人类情感的表现性形式'或'有意味的形式'，它自身无法产生言有尽而意无穷的、无画处皆成妙境的效果，这就需要有主体的介入。没有接受主体的介入，'言'不可能自动地产生'言外之意'，'象'也不可能固

---

① 陶东风：《中国古代心理美学六论》，百花文艺出版社，1990年版，第118页。

有'象外之象'。"①应该说,从文学接受的角度来考察意境的特征,的确开辟了一个新生面,见解也很独到。但是,第一,接受问题,不仅仅是涉及意境的生成,整个作品的审美效应都有待于文学的接受;第二,接受角度如不与别的角度相配合,也难于揭示意境的特征。

上面我们梳理了六种主要的关于意境的解说,应该说这六说都言之有据、论之有理,但又都不能在多视角的交错中完整地全面地把握住意境的审美内涵。我们要反复强调的是,意境作为抒情型作品的审美理想,是一个多维度的结构。我们必须以全面的流动的视点,才可能接近"意境"的丰富美学内涵。这里需要说明的是,在意境问题上,也有一些研究者看到了意境的复杂结构,其研究也不完全是单视角的。例如宗白华教授说:"意境不是一个单层的平面的自然的再现,而是一个境界层深的创构。从直观感相的模写,活跃生命的传达,到最高灵境的启示,可以有三层次。"②这里是三个角度。在目前的意境研究中,这一观点仍然是最全面的。叶朗的研究主要涉及"象外之象"和"哲学意蕴"两个角度。蒲震元的研究主要涉及情景交融、象外之象和气韵生动三个角度。陶东风的研究涉及"象外之象"和"接受创建"两个角度。他们的探讨已经把已经研究的推到一定的深度。但是,在我看来,这些研究与意境的丰富美学内涵还有相当的距离,意境理论仍然有广阔的研究空间。

---

① 陶东风:《中国古代心理美学六论》,百花文艺出版社,1990年版,第20页。

② 宗白华:《中国艺术意境之诞生》,《美学散步》,上海人民出版社,1981年版,第63页。

三、意境的核心美学内涵

那么,我们究竟应怎样来把握意境的丰富的美学内涵呢?这里我们根据古人的论述和今人的研究,加以吸收融合,认为意境是人的生命力活跃所开辟的、寓含人生哲学意味的、情景交融的、具有张力的诗意空间。这种诗意空间是在有读者参与下创造出来的。它是抒情型文学作品的审美理想。在对意境的这一界说中,"情景交融"、"哲学意味"、"诗意空间"、"读者参与"这几点已经在述评中有了说明,不再赘述。

我认为"生命力的活跃"是意境的最核心的美学内涵,这一点目前的研究论述得十分不够,这里应加以申说。

现在学界都承认中国古代意境说的最后总结者是王国维。王国维本人也很自信,他在《人间词话》中说:"言气质,言神韵,不如言境界。有境界,本也,气质、神韵,末也。有境界而二者随之矣。"又说:"沧浪所谓'兴趣',阮亭所谓'神韵',犹不过道其面目,不若鄙人拈出'境界'二字为探其本也。"王国维认为他是境界说的提出者,是否有根据呢?因为无论"意境"还是"境界"前人早就提出,王国维有何理由说意境说是他提出的呢?当然我不认为意境说是王国维最早提出来的。但是我们不能不承认王国维意义上的境界说,王国维做出了突出的贡献。因为王国维的确在前人的基础上,加入了新见。根据我的考察,王国维《人间词话》中以下几条最为重要:

词以境界为上。有境界则自成高格,自有名句。五代北宋之词所以独绝者在此。

境非独谓景物也,感情亦人心中之境界。故能写真景物、真感情者,谓之有境界,否则谓之无境界。

"红杏枝头春意闹",著一"闹"字而境界全出。"云破月来花弄影",著一"弄"字而境界全出矣。

尼采谓:"一切文学,余爱以血书者也。"后主之词,真所谓以血书者也。

诗人对自然人生,须入乎其内,又须出乎其外。入乎其内,故能写之。出乎其外,故能观之。入乎其内,故有生气。出乎其外,故有高致。

诗人必有轻视外物之意,故能以奴仆命风月。又必有重视外物之意,故能与花鸟同忧乐。

"昔为娼家女,今为荡子妇。荡子行不归,空床难独守。""何不策高足,先据要路津,无为守贫贱,轗轲长苦辛。"可谓淫鄙之尤。然无视为淫词、鄙词者,以其真也。五代北宋大词人亦然。

非无淫词,然都之者但觉其沈挚动人。非无鄙词,然但觉其精力弥满。可之淫词与鄙词之病,非淫与鄙之病,而游之为病也。

以上八条,我们认为是王国维正面论"意境——境界"说最重要的言论。这些论述表达了的意义有:(1)诗词以"意境——境界"为上,可以理解为意境是抒情诗的理想;(2)无论是写景的还是写情的,只要是"真"的,都是有境界的;(3)所谓"真",不仅仅是真实的"真",而且是指生命力的高扬,因为他相信尼采的话"一切文学余爱以血书者也",这可以看作是德国生命哲学在文学上的体现;(4)对诗人来说,只有有生命力的人,才能在写诗之时既能入乎其内又能出乎其外,才能与花鸟共忧乐,才能有生气;(5)就是淫、鄙之词,只要不"游",仍觉其沈挚动人、精力弥满,因为这淫与鄙,正是人的生命力的表现。如果我们理解不错的话,那么王国维作为意境说的最后总结者,是把生命力的"弥满",看作是"意境——境界"说的核心。他所讲的生命力观念不但来自古代的"气韵生动"、"生气远出"的理想,更重要的是吸收了德国生命哲学的精神。王国维十分熟悉德国的生命哲学,还曾写过《叔本华与尼采》等论文,对于叔本华、尼采的意志理论、欲望理论等十分推崇。不难看出,他正是把中外关于"生命力"的思想汇于一炉,并熔铸于意境理论中。王国维强调的是,只有鲜活的、充溢着生命活力的情景世界,才可能具有意境,否则就没有意境。

王国维为什么特别强调"境界"中的"生命力"这一点呢?这不能不简要考察一下,王国维的"境界"说是针对什么样的词风而发的。原来,对于词的创作特别推崇北宋和北宋以前的词风,他曾在《人间词话》第七条说:"大家之作,其言情沁人心脾,其写景也必豁人耳目。其辞脱口而出无一矫揉装束来之态。其所见者真,所知者深也。持此以衡古论今,百无失一。此余所以不免有北宋后无词之叹也。"从各种资料中,我们发现王国维特别关切清初以来词的发展,他特别对清初朱彝尊浙西词派不满,因为浙西派词人标榜南宋姜夔、张炎的玩弄技巧、不重内容的形式主义词风,似乎王国维就是为了纠正有清一代的不重真实、深刻的内容的词风,而特别提"境界"说。

也正是基于上述词的发展的语境,他特别标举对"生命力"的赞美。王国维在《人间词话》中认为李煜的词是有意境的,李煜的后期的词是"血书"者也,就是以自己的生命来书写的,不是无病呻吟,也不是玩儿,是生命的节律的颤动。李煜是南唐后主,他在亡国后,过了三年的"此中日夕只以泪洗面"的俘虏生活,尝尽人间苦难,生活的转变,激发了他的生命力,写出了一些颤动着生命律动的词,如他的一首《浪淘沙》:

帘外雨潺潺,春意阑珊。罗衾不耐五更寒。梦里不知身是客,一晌贪欢。　独自莫凭栏,无限江山,别时容易见时难。流水落花春去也,天上人间。

上片倒叙,说只有梦里忘记是"客"(俘虏),还能贪恋片刻的欢愉。当梦醒后听到雨声,知道春光即将消尽,五更的寒冷,心头的凄凉,分外使人无法忍受。下片说千万不要去凭栏眺望,隔着无限的江山已不能再看到自己的故园,回想亡国以前的生活,与现在的俘虏生活相比，真是有天上人间的区别啊！这首词之所以有意境，最重要的是李煜对自己的前后完全不同的生活有着刻骨铭心的体验，这是他用生命的代价换取来的。王国维在《人间词话》中还举过这样的例子：

> "红杏枝头春意闹"，著一"闹"字而境界全出。"云破月来花弄影"，著一"弄"字而境界全出矣。

为什么著一"闹"字而境界全出呢？这不仅因为这个闹字使"红杏枝头"与"春意"联为一个整体，而且传达出诗人心灵的情绪、意趣在春天生机蓬勃之中特有的惬意与舒展，就像那春光中的红杏那样活泼热烈和无拘无束，这是生命力活跃的结果。

还有王国维的"隔与不隔"的问题，也应从"生命力的活跃"的角度来理解。王国维《人间词话》中说：

> 问隔与不隔之别，曰：陶、谢之诗不隔，延年则稍隔矣；东坡之诗不隔，山谷则稍隔矣。"池塘生春草"，"空梁落燕泥"等二句，妙处唯在不隔。词亦如是。即以一人一词论，如欧阳公《少年游》咏春草上半阕云："栏杆十二独凭春，晴碧远连云。二月三月，千里万里（此两句倒置），行色苦愁人。"语语都在目前，便是不隔。至云"谢家池上，江淹浦畔"，则隔矣。……

过去许多研究者总是以用典不用典来加以说明，不用典，所描写的事物显得显豁生动，这便是不隔；用典则似乎隔了一层而不够显豁，这就是隔。这种流行的解释不能说错,但显得肤浅。更深入的解释应该是,所谓"隔"是因为用典过多或过于晦涩,不能生动鲜活地表现事物,不能使所描写的事物灌注诗人的生命的体验,从而不能引起读者的想象和共鸣;所谓"不隔"不但是因为"语语如在目前",更重要的是因为灌注了诗人的鲜活的生命情感,而使读者的生命情感也被激发起来了。隔是死的,无生命的;不隔是活的,有生命的,隔与不隔的区别正在这里。意境的灵魂是所描写的对象的生命的活跃与高扬,使读者不能不为之动情而进入那特定的诗意时空中去。

如果说王国维对"意境"说有贡献的话,那么我们认为他主要是给"意境——境界"说注入了"生命力"这个重要的观念。这一点正是前人未能达到的地方。

(原载《东疆学刊》2002年第3期)